MACROS
DE EXCEL

La guía definitiva para principiantes para aprender macros de Excel paso a paso

David A. Williams

Tabla of Contenido

Introducción

Planificar, organizar, estimar y calcular para crear mejores datos financieros solía ser un trabajo tedioso que los individuos tenían que realizar manualmente. Muchas responsabilidades, incluyendo contabilidad, creación de nóminas, computación, etc. requieren formatos calculadores que necesitan ser estrictamente precisos para la productividad. Sin una herramienta adecuada para ayudar con estas responsabilidades oficiales, un profesional no podría haber sobrevivido.

A lo largo vinieron herramientas como Microsoft Excel, que han ahorrado mucho tiempo crucial para los profesionales. Excel se ha utilizado durante bastante tiempo, y seguramente ha avanzado a un nivel donde se ha convertido en una necesidad para todo tipo de negocios. Por eso es importante aprenderlo.

Sin embargo, hay otro lado de Excel además de las herramientas calculativas habituales y diseños tabulares de los que es capaz. Ese lado se conoce como macros de Excel. Con la intención de educar a los usuarios habituales de Excel, este libro ayudará a los lectores a entender acerca de Macros. El propósito de este libro es ayudar a las personas a familiarizarse con el mundo de las macros.

Muchos están interesados en Macros mientras pasan por Excel, pero se sienten asustados de aprenderlo debido a la sintaxis basada en fórmulas que posee, que se siente como la codificación. Si desea aprender la codificación de Excel o ha decidido probar algunos proyectos que necesitan la ayuda de Macros, entonces este libro está aquí para guiarlo.

Suponiendo que usted no tiene ningún conocimiento sobre Microsoft Excel en absoluto, nos gustaría comenzar primero con un par de capítulos básicos para aprender acerca de este programa de hoja de cálculo en breve. Una vez que se haya completado, pasaremos a la parte donde aprenderás sobre estrategias básicas de Macros, etc.

Tenga en cuenta que, este libro cubrirá Macros en capítulos posteriores con una visión para que usted conoce de sus fundamentos en detalle. También profundizará en los diversos usos, beneficios, consejos y otros aspectos básicos relacionados con este lado de codificación de Excel. Sin embargo, es posible que tenga que pasar por otras fuentes en etapas posteriores si está dispuesto a aprender acerca de sus aplicaciones avanzadas. Por ahora, continúe leyendo los capítulos uno por uno y aprenda sobre Microsoft Excel, Macros y sus fundamentos.

CAPÍTULO 1

Aprender acerca de Microsoft Excel

Como se mencionó anteriormente, MS Excel es un programa diseñado para hojas de cálculo. Este programa es una de las aplicaciones más útiles diseñadas por Microsoft para su sistema operativo Windows.

Desde el día en que ha existido, ha sido renovado y actualizado para proporcionarle un montón de características, incluyendo codificación de macros, cálculo, herramientas gráficas, tablas, tablas dinámicas, etc. Esta herramienta se obtiene como una subaplicación de la herramienta de agrupación bajo el nombre de Microsoft Office. Es posible que ya esté al tanto de otras aplicaciones de MS Office como MS Word y MS PowerPoint. Pero, MS Excel no es el único programa de hoja de cálculo que los desarrolladores crearon. Otros programas que tienen funciones de hoja de cálculo incluyen Lotus 1, 2 y 3.

En MS Excel, puede ver el diseño diseñado con una cuadrícula que comprende celdas, donde puede usar el teclado para introducir datos, como textos, números, símbolos y otros caracteres. Los usos más comunes que Excel tiene son la programación, presupuestación para el hogar u oficina, contabilidad y áreas similares. Sin él para ayudar a un profesional, él o ella habría tomado un montón de tiempo para calcular los datos.

Para las personas que se ocupan de las estadísticas, la ingeniería y las finanzas, esta aplicación es una bendición, ya que les ayuda a crear histogramas, gráficos e informes, fácilmente. Por lo tanto, su alta usabilidad ha hecho que gane popularidad como una de las aplicaciones más preferibles en el mundo. En algunos casos, se ha sabido que las personas usan Excel sobre MS PowerPoint o MS Word para su creación diaria de datos, cálculo y otras características sólo porque es más versátil que este último.

Operaciones básicas de Excel

Ahora, esta sección le ayudará a entender algunas de las operaciones básicas que puede usar en Excel. Tal vez usted es conocedor de ellos de antemano después de usar Excel de antemano. Pero, teniendo en cuenta los diversos niveles de habilidades de los lectores, esta sección le ayudará a actualizar todas las características una vez más.

Además, también aprenderá acerca de algunos accesos directos que puede usar para operaciones básicas en Excel en esta sección. Recuerde siempre que aprender y aplicar accesos directos mejorará su eficiencia para completar su trabajo en hojas de Excel más rápido.

- **Creación de un nuevo libro de Excel**

  Para empezar a usar Excel, primero debe comenzar creando un libro de trabajo. Un libro de trabajo en Excel normalmente tiene tres hojas. Para crear un nuevo libro de trabajo, puede desplazarse a la pestaña Archivo en la esquina superior izquierda del equipo y hacer clic en el botón Nuevo de la cinta de opciones (la cinta de opciones se tratará en capítulos posteriores). Alternativamente, puede simplemente presionar la combinación de teclas de método abreviado: Ctrl + N para comenzar con un nuevo libro de trabajo.

- **Abrir un libro de trabajo existente**

  En algunos casos, es posible que desee ver un libro de trabajo existente en Excel. Para ello, puede pulsar el botón Abrir desde la pestaña Archivo. Aparecerá un cuadro de diálogo en el que puede buscar el archivo que desea abrir. Debe tener en cuenta las extensiones que utiliza Excel, que son: . XLS (para Excel más antiguos) y . XLSX (para versiones más recientes de Excel). Como alternativa, tiene la combinación de teclas de método abreviado para abrir la ventana de diálogo con las teclas Ctrl + O.

  Una tercera técnica también está allí para abrir un libro de Excel. En este método, primero puede abrir Excel normalmente y, a continuación, buscar el archivo que desea abrir en la unidad. Simplemente arrastre y suelte ese archivo en la aplicación de Excel abierta. Excel abrirá el archivo por usted.

- **Guardar un libro de trabajo o un archivo en Excel**

  Después de agregar los datos en las hojas de su libro de trabajo, puede usar la opción Guardar de la pestaña Archivo de la aplicación. Cuando guarde el archivo por primera vez, Excel le notificará con un cuadro de diálogo donde puede escribir el nombre de su libro de trabajo. También puede elegir la ubicación de su archivo. La tecla de método abreviado para guardar el archivo es Ctrl + S. Esto le permitirá guardar el archivo.

  Además, si ya ha guardado el archivo una vez y lo ha nombrado, al presionar el botón Guardar o las teclas Control + S sólo escribirá los datos actualizados en su archivo guardado existente. Esto no ofrecerá ningún tipo de cuadro de diálogo para cambiar el nombre del archivo. Hay otra tecla de acceso directo que puede utilizar para guardar su archivo al instante, que es F12.

Para notificarle que el archivo se está guardando, verá un flash de barra de carga en la barra inferior de la aplicación de Excel. Otra forma en la que su computadora le notifica de un guardado en curso es a través de un símbolo de reloj de arena.

- **Impresión de hojas de cálculo en Excel**

A menudo necesita imprimir las hojas de cálculo creadas en Excel al igual que otras aplicaciones de Office. Puede hacerlo mediante la opción Imprimir del menú de la ficha Archivo. Esto abrirá una ventana con las opciones de impresión de su hoja.

La otra forma es a través de una tecla de acceso directo que es Control + P. El cuadro de diálogo que se abre se puede utilizar para seleccionar el número de copias que desea imprimir para el libro de trabajo. El cuadro también le permitirá elegir el rango de páginas en la hoja creada, que desea que procese la impresora.

Tenga en cuenta que las versiones más recientes de Excel no aparecen con un cuadro de diálogo para el botón de impresión. Al pulsar el botón Imprimir, se muestra otro menú categorizado en el menú de la ficha Archivo.

Además, si desea ver cómo aparecerá la impresión antes de imprimirla, puede hacerlo pulsando la combinación de teclas: Ctrl + F2. Al presionar esta combinación en una versión más reciente de Excel, irá al submenú para la opción Imprimir, que tiene la vista previa de la impresión de su archivo.

- **Característica de diseño de página en Excel**

Las versiones más recientes de Excel también ofrecen una característica donde puede obtener una vista previa de la página presente dentro de la región del área de trabajo. Esto se puede hacer mediante la opción Diseño de página. Puede acceder a este botón a través del menú de la pestaña Ver presente en la barra superior. Otra alternativa para ver esta opción de diseño de página es haciendo clic en ella desde la esquina inferior derecha de la pantalla del ordenador. Puede encontrarlo justo al lado del control deslizante para ampliar su página.

- **Cerrar libros de trabajo y Excel**

Después de que haya terminado de trabajar en su libro de trabajo en Excel, puede que tenga ganas de cerrarlo con la aplicación completa. Además, es posible que tenga ganas de cerrar el libro de trabajo que ha abierto actualmente y cambiarlo por uno nuevo.

Para cerrar un libro de trabajo que está abierto, puede visitar el menú de la pestaña Archivo y presionar el botón Cerrar presente en las opciones. La tecla de método abreviado que puede usar para cerrar el archivo es Ctrl + W. Cierre hará que Excel entre en un estado donde varias de sus funciones se vuelven inactivas, ya que no hay ninguna hoja para operar. Tenga en cuenta que si no ha guardado sus hojas y ha presionado el botón Cerrar, Excel le notificará con un cuadro de diálogo que le informará si desea guardar el archivo o cerrarlo sin guardarlo. Aquí tienes la oportunidad de guardar el archivo y nombrarlo o simplemente cancelarlo sin guardar.

Una vez que el libro de trabajo está cerrado, simplemente puede agregar un nuevo libro de trabajo, abrir uno existente o cerrar la aplicación completa haciendo clic en el botón de cruz en la esquina superior derecha. La tecla de método abreviado para cerrar Excel es Alt + F4. También puede utilizar la barra de tareas de su ordenador para cerrar la aplicación haciendo clic derecho sobre ella y seleccionando la opción Salir.

CAPÍTULO 2

Uso de la Cinta y Otras Funciones Comunes

Ahora que está familiarizado con el uso de operaciones básicas de Excel, es el momento de pasar a las funciones que se usan comúnmente en Excel. Además, este capítulo le ayudará a familiarizarse con la cinta de Excel.

MS Excel se ha clasificado en dos categorías:

1. Las versiones anteriores que carecen de la cinta

2. Las versiones más recientes que tienen la cinta de opciones

Entonces, ¿qué es la cinta?

Es un diseño que se ha ofrecido a la barra de herramientas y la barra de menús de la pestaña Archivo. La versión anterior de Excel y aplicaciones similares de MS tenían un menú simple de ahogarse con todas las funciones relevantes. Sin embargo, las versiones más recientes tienen una lista de opciones accesibles a través de un diseño dinámico, que modifica el contenido de la barra de herramientas que se presenta debajo de él o el cuerpo de la cinta de opciones. Este diseño es bastante simplista y ha sido capaz de organizar eficientemente todas las herramientas sin ocupar demasiado espacio como las versiones anteriores.

Microsoft Office también le permite deshabilitar el aspecto de la cinta de opciones presionando ctrl + F1 teclas para ocultarlo del diseño de la aplicación de Excel. Del mismo modo, al presionar las teclas de nuevo se traerá la cinta de nuevo. Si no desea utilizar el cursor del ratón para elegir las diversas funciones presentes en la cinta de opciones, puede utilizar la tecla Alt combinada con el alfabeto resaltado en la cinta de opciones como alternativa a navegar por las distintas herramientas (que se pueden hacer con la tecla Tabulador).

Esto se puede hacer presionando la tecla Alt, que le pedirá a Excel que le ofrezca sugerencias de herramientas junto a cada uno de los botones de la herramienta y las opciones de menú. Estas sugerencias de herramientas tienen los diversos alfabetos como se mencionó anteriormente. Al pulsar la carta, accederá a la sección de la cinta de opciones a la que desea acceder.

Por ejemplo, si desea utilizar la sección Revisar, puede presionar la tecla Alt seguida del alfabeto R, que es el alfabeto asignado a la sección Revisión. Esto les dará acceso a todas las funciones en la pantalla de la sección Revisar dentro de la cinta de opciones. Después de mostrar la sección Revisar, los botones de la herramienta tendrán la información sobre herramientas con ellos. Como se mencionó anteriormente, también puede navegar con la tecla Tabulador. Al pulsarlo se resaltará un botón que está seleccionado actualmente. Al presionar Tab repetidamente se recorrerá toda la opción de la cinta de opciones para que usted elija. Puede pulsar Intro en la opción resaltada a la que desea acceder.

- **Uso de la Ayuda en Excel**

  Llegarán tiempos en los que te sentirás confundido acerca de una función o una operación. Además, habrá situaciones en las que es posible que no recuerde la forma correcta de usar una herramienta en Excel. Cuando esto sucede, y ni siquiera está en línea para tomar ayuda de su motor de búsqueda, entonces es posible que desee utilizar la Ayuda de Excel para ayudarle. La opción Ayuda es accesible con la tecla de ayuda F1 en el teclado.

Alternativamente, puede utilizar la opción Ayuda es haciendo clic en ella desde el menú de la pestaña Archivo. Con la ventana Ayuda, tendrá acceso a todas las operaciones y comandos básicos en Excel. También puede obtener información sobre funciones avanzadas, pasos y consejos para solucionar problemas, etc. Todo esto te hará más eficiente y rápido mientras trabajas en esta aplicación. Además, usar la ventana Ayuda es fácil, ya que simplemente puede buscar su consulta para resaltarla frente a usted en la pantalla.

- **Rehacer y deshacer**

Al igual que en otras aplicaciones de MS Office, Excel también proporciona la capacidad de rehacer y deshacer los datos de entrada. Para usar deshacer, sólo tiene que pulsar la combinación de teclas: Ctrl + Z. Además, si planea rehacer su entrada reciente, entonces sólo tiene que presionar la combinación: Ctrl + Y.

Alternativamente, las funciones de rehacer y deshacer se pueden realizar directamente mediante los botones Rehacer y Deshacer presentes en la esquina superior izquierda de Excel. Al hacer clic en cualquiera de estos botones se realizará su acción relevante. Además, estos botones también le permitirán ver todas las acciones de rehacer y deshacer que ha realizado en su libro de trabajo. Esta función le ofrecerá la facilidad de realizar múltiples acciones de rehacer y deshacer.

- **Copiar, cortar y pegar**

  Otro grupo de operaciones básicas que se encuentran en Excel, al igual que otras aplicaciones de MS Office, son las funciones de copiar, cortar y pegar. Puede utilizar las siguientes teclas de método abreviado para realizar estas funciones:

  Ctrl + C para Copiar

  Ctrl + X para Cortar

  Ctrl + V para Pegar

Además, puede acceder a ellos desde el menú contextual (accesible con el clic derecho en el ratón). Puede acceder a ella al hacer clic en una celda específica de la hoja.

CAPÍTULO 3

Navegar a Través de las Células

Tenga en cuenta que la mayor parte de su tiempo en Excel será acerca de la edición y navegación de celdas. El uso de la ayuda de sólo el ratón no será un método muy eficiente en el tiempo de trabajar en su proyecto. Para evitar consumir tiempo innecesario mientras trabaja en esta aplicación, tendrá que aprender los accesos directos necesarios para navegar a través de las celdas.

Fundamentos de la navegación celular

Con la ayuda de las teclas del cursor, puede moverse por las celdas de Excel. Como se mencionó anteriormente, también puede utilizar el ratón para hacer clic en las celdas, que desea elegir y editar. Sin embargo, el uso de un ratón será una tarea desalentadora en los casos en los que usted tiene que tratar con una gran cantidad de datos y varias páginas.

- **Navegar rápidamente a través de hojas**

  A medida que siga introduciendo datos en su hoja, tendrá una cantidad considerable de datos llenos en ella. Por desgracia, no podrá ver todas las celdas en las que introduce o edita datos, ya que la ventana gráfica tiene una vista limitada.

Además del uso de las teclas del cursor para navegar por cada celda de la hoja, también puede usar los botones Página abajo y Repágado en el teclado para ver las celdas que no están visibles en la ventana gráfica. Estos botones, que se resaltan como PgDn y PgUp, pueden ayudarle a moverse hacia abajo y hacia arriba de la pantalla a un ritmo mucho más rápido. Esto puede ser una manera muy conveniente de trabajar en la hoja si te acostumbras a ella.

Del mismo modo, mover el cursor rápidamente hacia la izquierda se puede hacer pulsando el botón De página arriba con el botón Alt al mismo tiempo. Y, para avanzar rápido hacia la derecha, puede presionar el botón Página Abajo con el botón Alt.

En situaciones específicas, incluso puede utilizar los botones Fin e Inicio del teclado para pasar de la parte inferior a la celda superior de la hoja. Pulse el botón Alt con cualquiera de los botones que le ayudará a navegar hasta la celda extrema izquierda o derecha en la fila resaltada actualmente de la hoja.

También puede presionar el botón Finalizar para llevar el Excel al modo Fin, en el que al presionar la tecla de flecha o el cursor llevará al usuario al borde específico de la región de datos. Esta arista se resalta con respecto a la tecla de flecha de dirección pulsada.

- **Navegar por el borde de la región de datos**

  En algunas situaciones, tendrá que navegar por el cursor para llegar con precisión al borde de un clúster de datos. Tenga en cuenta que este borde no es la celda final de la hoja, sino la última celda que contiene la entrada de datos por usted. Para ello, puede utilizar la tecla Ctrl combinada con los botones del cursor.

  Por ejemplo, piense en una tabla de 4 x 4 que ha creado con los datos rellenados en ella. Presionando Ctrl + tecla de flecha abajo, puede mover el cursor a la celda inferior con datos en ella. Del mismo modo, puede navegar por la tabla creada combinando la tecla Ctrl y cualquiera de las teclas de flecha.

Como recordatorio, la combinación de teclas explicada anteriormente solo funcionará en filas y columnas que estén llenas de datos coherentes. Si encuentra una celda vacía entre los datos de entrada, el cursor simplemente navegará a la celda antes de la celda vacía y no cruzará a la siguiente celda con datos.

- **Resaltar múltiples celdas**

Para resaltar muchas celdas al mismo tiempo en su hoja de trabajo, puede usar el botón izquierdo del ratón con la tecla Ctrl. Para ello, debe mantener presionado el botón Ctrl y, a continuación, seguir haciendo clic en las celdas que desea resaltar juntas.

Un segundo método que se puede utilizar para esto es pulsando la tecla Mayús con el botón F8. Al presionar estos botones juntos, la aplicación habilitará el modo de selección múltiple. Lo verá resaltado en la barra de estado y sabrá que el modo ahora está habilitado para que lo aplique.

Puede ver las palabras Añadir a selección resaltadas allí cuando se presionan las combinaciones de teclas correctas. Si desea finalizar este modo, puede hacerlo pulsando el botón Esc en el teclado.

- **Extensión de celdas seleccionadas**

Para seleccionar varias celdas en una columna o fila, puede usar la tecla Mayús combinada con el botón de cursor correspondiente para moverse y agregar las celdas adyacentes a ella.

- **Selección de celdas hasta el borde del área de datos**

  También puede seleccionar la columna o fila completa que contiene datos presionando la combinación Ctrl + Mayús + cualquiera de las teclas direccionales para resaltar todas las celdas hasta el borde de la región de datos.

- **Selección de celdas que se extienden a la siguiente pantalla**

  Como ya ha visto, está siguiendo un patrón cuando está utilizando una extensión de las celdas seleccionadas. Al combinar la tecla Mayús con la tecla direccional, puede resaltar varias celdas a la vez. Si solo desea seleccionar celdas aleatorias a la vez, entonces tendrá que mantener presionado el botón Ctrl y hacer clic en las celdas específicas.

  La ampliación de la selección a la siguiente pantalla se puede realizar pulsando la tecla Mayús con el botón Página arriba o Areabajo. Para ir a la izquierda o a la derecha, puede presionar el botón Alt con la combinación discutida en la oración anterior.

- **Navegar alrededor de las celdas activas**

  Si ha estado editando una celda actualmente o tiene una celda resaltada y desea navegar el cursor a la celda junto a ella, puede hacerlo con la ayuda para las teclas Mayús, Tabulador e Intro. Así es como funcionará:

  1. Al presionar Mayús + Teclas tab navegará el cursor a la celda izquierda.

  2. Pulsando la tecla Tab le permitirá mover el cursor a la celda derecha.

  3. Pulsando Mayús + Intro teclas le permitirá navegar el cursor a la celda en la parte superior.

4. Al pulsar Intro, podrá mover el cursor a la celda de la parte inferior.

Otra forma de hacer esta actividad de navegación es simplemente seleccionando el botón F8. Esto hará que Excel entre en el modo Selección extendida. Entrar en este modo le permitirá navegar para extender las celdas seleccionadas utilizando las teclas de dirección.

CAPÍTULO 4

Funciones de Formato y Accesos Directos

Por ahora, ya está familiarizado con los fundamentos de Excel. Usted notará que su velocidad y eficiencia durante el uso de esta aplicación ha mejorado considerablemente. Su eficiencia puede haber mejorado aún más si está utilizando las combinaciones de teclas de método abreviado subconscientemente. De esta manera, puede acortar el tiempo que tarda en trabajar en las sábanas.

Fundamentos de formato de texto en Excel

Después de haber podido dominar las combinaciones y las herramientas de navegación de los capítulos anteriores, su siguiente tutorial básico es aprender sobre los fundamentos del formato de texto en Excel. Aquí hay un par de combinaciones de accesos directos fáciles y comunes para dar formato al texto en esta aplicación.

1. Para comenzar con el formato de un texto específico, puede resaltar el texto o hacer clic en la celda en particular a la que desea formatear. Para poner el texto en negrita en una celda en particular, puede presionar Ctrl + B teclas.

2. Para cursiva del texto, puede presionar la combinación: Ctrl + I.

3. Para subrayar el texto en la celda, puede resaltar la celda y presionar la combinación: Ctrl + U.

4. Si desea utilizar un tachado, puede presionar la combinación: Ctrl + 5.

También puede cancelar cualquiera de las herramientas de formato del texto repitiendo la tecla de combinación una vez más. Si desea que se haga el mismo formato en otra celda, simplemente resalte esa celda en particular y presione F4 clave en esa celda. Hará que la celda se formatee con el mismo estilo que lo hizo para la celda anterior.

Cuadro de diálogo Para formatear

También hay un cuadro de diálogo que le permite obtener acceso a todas las opciones de formato comunes en un solo lugar y que demasiado rápido. Se puede acceder a esto presionando ctrl + 1 teclas, que le permitirá editar la celda para el estilo adecuado.

Este cuadro de diálogo para formatear le permitirá formatear el texto, alinearlo, cambiar el estilo de fuente, alterar el borde de la celda, etc. Si solo necesita modificar la fuente del texto en la celda, puede hacerlo presionando la combinación: Ctrl + Mayús + F. Tenga en cuenta que, esta combinación también le permitirá acceder al cuadro de diálogo para formatear, pero también seleccionará automáticamente la pestaña de fuente.

También puede usar la cinta de opciones, que consta de más opciones de estilo y formato que el cuadro de diálogo. Acceder a opciones que no sean las comunes es muy conveniente acceder desde la cinta de opciones.

Adición o edición de un comentario en una celda

A veces trabajará con un colega en una hoja o libro de trabajo. En tales casos, es posible que deba comentar o agregar notas a una celda o celdas en particular para que la otra persona pueda ser notificada de su comentario. Este es un método significativo para las personas que no están presentes para trabajar en el mismo documento en el mismo lugar físico. Con su ayuda, usted tiene la ventaja de realizar un seguimiento de todos los cambios realizados en la hoja de manera eficiente. También tiene la capacidad de usar comentarios como indicadores que es importante cuando el libro de trabajo consta de una gran cantidad de datos rellenados en cientos de columnas y filas.

Además, los comentarios también actuarán como recordatorios para usted si desea que le notifiquen en etapas posteriores mientras pasa por la hoja.

Puede añadir un comentario con la combinación de teclas: Mayús + F2. Al presionar esta combinación se resaltará una pequeña caja de color amarillo, que permanecerá activa en la esquina de la celda. Este cuadro se puede utilizar para dejar cualquier nota o comentario. Además, también puede sorver las notas o comentarios existentes, que también puede editar.

Después de agregar un comentario a una celda en particular, notará una flecha de color rojo que aparece en la esquina superior derecha del borde de la celda. Para ver el comentario o la nota en esa celda, tendrá que colocar el cursor del ratón sobre esa celda. Además, si desea ver todas las celdas sobre las que se ha comentado, puede presionar la combinación de teclas Ctrl + Mayús + O. Esto hará que todas las celdas con un comentario se resalten.

Adición de hora y fecha a las celdas

Otra opción que puede probar en las celdas es agregar hora y fecha. Esto significa que puede establecer la hora y la fecha actuales en una celda específica. Esto se puede hacer usando Ctrl + ;llaves.

Clonación del valor en las células

Para duplicar o clonar los valores de celda, primero tendrá que resaltar la celda existente con el valor y, a continuación, presione las teclas Ctrl + Mayús + '.

Adición de hipervínculos a celdas

La adición de hipervínculos a texto o celdas se puede hacer presionando la combinación: Ctrl + K. Al hacer eso, verá un cuadro de diálogo que aparece en la pantalla para el hipervínculo. Puede agregar la dirección URL a la que desea vincular la celda.

Configuración para la alineación de texto y otras teclas de método abreviado mediante el botón Alt

Para modificar la alineación del texto de una celda, puede utilizar varias combinaciones de teclas. Por ejemplo, para alinear el texto de la celda en el centro de la celda, primero debe mantener presionada la tecla Alt. Después de eso, usted tiene que presionar H, A, & C. Esto es sólo un acceso directo simple que está utilizando para las opciones presentes en la cinta de opciones.

Técnicamente, manteniendo presionada la tecla Alt y luego presionando H, resaltará la pestaña Inicio en la cinta de opciones. Después de eso, al presionar A se alternarán las opciones de alineación de la barra de herramientas. Y, presionando la tecla C activará la función de alinear el centro. Puede presionar la tecla Alt para revisar los alfabetos asignados a las distintas funciones de la cinta de opciones.

Del mismo modo, puede usar funciones de formato similares, que puede localizar en la pestaña Inicio u otras pestañas en la cinta de Excel.

Trabajar con tablas

Las tablas tienen un uso significativo en varios libros de trabajo y hojas. Sin embargo, la mayoría de los usuarios no están usando tablas en Excel en gran medida. Para crear una tabla en su libro de trabajo, simplemente puede presionar la combinación: Ctrl + T.

Para navegar a una fila de la tabla creada, puede presionar Mayús + Barra espaciadora. Como alternativa, puede navegar a una columna presionando Ctrl + Barra espaciadora. Para seleccionar la tabla completa, puede presionar Ctrl + A juntos.

CAPÍTULO 5

Introducción a Las Macros

Antes de comenzar con Macros, es aconsejable que primero vaya a través de las otras funciones básicas, diseño y opciones de Excel. Averiguar las fórmulas de Excel le ayudará a estar al tanto de Macros y sus usos de una manera mucho más eficiente. Además, será más fácil para usted aprender las etapas avanzadas de Macros cuando decida pasar al siguiente nivel en Excel.

Sin embargo, no hay ninguna regla que indique que no puede aprender macros sin pasar por las funciones básicas de Excel.

Entonces, ¿Qué unare Macros?

Si hay varias tareas que se llevarán a cabo en MS Excel, y eso también en repetición, entonces necesitará la ayuda de macros. Las macros se consideran un clúster de acciones que puede ejecutar tantas veces como desee.

A veces necesita repetir ciertas tareas y funciones en Excel. Para un par de filas o columnas, esto todavía puede ser manejable. Pero, si tiene varias hojas en las que tiene que aplicar un número repetido de funciones, esto puede ser tedioso.

Con la ayuda de una macro, está automatizando el proceso. Como resultado, usted está ahorrando su tiempo. Por lo tanto, una macro se puede definir como una acción o acciones, que puede ejecutar varias veces como se le apetece. Al crear una macro, técnicamente está grabando la pulsación de tecla y los clics del ratón. Una vez que haya creado una macro, puede formatearla más adelante según sus necesidades y requisitos. Su extensión se conoce como . Mac.

Las macros comprenden un código que inicializará el trabajo automáticamente en una aplicación. Le permitirá agregar mejoras y características personalizadas para ayudarle a cumplir una tarea a un ritmo más rápido. Y, todo lo que necesitará para ejecutarlo es un clic de un botón. Para aplicaciones que implican hojas de cálculo, las macros son una herramienta robusta.

Piense en una situación en la que tenga que desarrollar un informe mensual para una asignación contable. Tendrá que editar los nombres de todos los consumidores con cuentas vencidas en color amarillo. Además, tiene la tarea de añadirun estilo en negrita a todo el texto. Con la ayuda de una macro, puede aplicar todas estas funciones de estilo al instante.

El procesador de macros habitual utilizado para diversos fines es un proceso macro de propósito universal que no está integrado o conectado con un software o tipo de idioma en particular. Los procesadores de macros son códigos que le permiten copiar un conjunto específico de comandos de texto de un lugar a otro para reemplazarlo y automatizar el proceso.

Existen varias formas en las que las macros se ejecutan en MS Excel. Además, las macros son el lenguaje de codificación oficial asignado a Excel. Este lenguaje de codificación se conoce como VBA, que es la forma abreviada de Visual Basic para Aplicaciones. Tenga en cuenta que VBA no es lo mismo que Visual Basic. Este último lenguaje es un lenguaje de programación central que se requiered para crearvarios programas, que los usuarios utilizan para varias aplicaciones. Visual Basic le permite crear archivos con la extensión .exe y puede ejecutar estos archivos en el sistema operativo Windows.

Por otro lado, VBA es un tipo diferente de lenguaje de codificación. No tiene la capacidad de crear programas o aplicaciones independientes. Tendrá que usar la ayuda de una aplicación de MS Office (que no solo se limita a MS Excel). En otras palabras, VBA es una pequeña parte de Visual Basic, ya que ambos lenguajes tienen un enfoque similar, pero el primero solo se ejecuta en aplicaciones de MS Office.

Además, una macro se puede considerar una herramienta que ofrece permiso para agregar varias funciones en informes, controles y formularios además de realizar tareas automáticamente. Por ejemplo, la función OnClick de un botón está vinculada a una macro para iniciar un conjunto determinado de comandos cada vez que un usuario presiona ese botón.

Al considerar Access, puede suponer que las macros son un lenguaje de codificación fundamental que se codifica mediante la creación de un grupo de acciones para ejecutar. En el desarrollo de una macro, está seleccionando esa acción concreta de una lista desplegable que aparece. Después de eso, introduzca todos los campos relevantes para realizar cada acción.

Además, las macros le dan la autoridad para procesar controles, formularios e informes sin necesidad de codificación avanzada como en Visual Basic. Las aplicaciones VBA solo se centran en una subclase de comandos que puede usar para crear macros en Excel y aplicaciones similares. De esta manera, se vuelve mucho más fácil aprender y usar macros para personas que encuentran difícil entender y aprender códigos VBA.

Puede acceder fácilmente a VBA en Excel. Este lenguaje de codificación es un lenguaje de codificación de[4a] generación. Considere que cada generación es un lenguaje evolucionado con la solución a símbolos confusos e irreconocibles. Es bastante fácil de entender 4GL (4^{lenguas} degeneración).

Por ejemplo, desmarque este código:

Selection.Font.Bold ? True

Incluso si no está familiarizado con la codificación, todavía será capaz de averiguar lo que este código es capaz de hacer. Le ayudará a poner en negrita su selección. Puede sentirse un poco raro a primera vista, pero te acostumbrarás a este formato.

Para su referencia y comparación con un lenguaje de programación principal, aquí hay un programa C++. Echa un vistazo y mira lo difícil que es en comparación con VBA.

printf("%d:%0d'n",tmp->tm_hour,tmp->min);

Este código C++ imprimirá el tiempo en horas y minutos.

Seguramente, será difícil para un laico entender lo que significan todos estos personajes y símbolos. Por lo tanto, agradezca que no tenga que lidiar con la codificación en este lenguaje para trabajar en Excel.

Creación de un UserForm para Excel

Una de las cosas que puede hacer con Visual Basic Editor es crear un UserForm. ¿Qué es exactamente un UserForm? Es un cuadro de diálogo personalizado que puede crear para ayudarle con ciertos propósitos.

Cuando utiliza un UserForm, puede habilitar una interfaz conveniente en su hoja o documento, lo que le permite introducir datos de una manera más controlable. Esto hace que los datos sean más fáciles de ver y usar, tanto para usted como para otros usuarios de la hoja.

Cómo construir el formulario

Abra Excel y, a continuación, inicie el Editor de Visual Basic. Puede utilizar el método abreviado de teclado de ALT + F11; este acceso directo se establece de forma predeterminada a menos que lo haya modificado, en cuyo caso, debe utilizar la versión modificada del acceso directo. También tendrá que usar la ventana Propiedades y el Explorador de proyectos. Puede encontrar fácilmente estas funciones en el menú desplegable Ver.

Una de las cosas que debe recordar antes de trabajar en un UserForm es que debe tratar de no hacer doble clic en nada, a menos que se le hayan dado instrucciones específicas para hacerlo. La razón de esto es que al hacer doble clic se abre una ventana de código. Si hace doble clic, no se preocupe. ¡No tiene sin tener que cerrar la hoja para reiniciar todo! Todo lo que tiene s hacer es cerrar la ventana de código haciendo clic en el botón Cerrar. También puede optar por volver a la ventana de diseño de UserForm mediante el método abreviado de teclado adecuado (de forma predeterminada, siempre es ALT + TAB).

Diríjase al Explorador de proyectos y asegúrese de que ha seleccionado la hoja actual en la que está trabajando como libro de trabajo. A continuación, diríjase al menú Insertar y, a continuación, seleccione UserForm.

Una vez hecho esto, observará que aparece un nuevo UserForm en blanco en el Editor de Visual Basic.

También debería poder ver un cuadro de herramientas. Sin embargo, si un cuadro de este tipo no aparece, entonces todo lo que tiene que hacer es ir al menú Ver y seleccionar la opción Cuadro de herramientas.

Es posible que observe que el UserForm tiene un borde punteado que lo rodea. Este borde se puede expandir. Al hacer esto, podrá cambiar las dimensiones de UserForm.

Recuerde que una sola hoja podría contener varios UserForms. Es por esto que es vital que dé los nombres apropiados para cada uno de los UserForms con el fin de identificar.

Ahora puede bajar a agregar cuadros de texto y etiquetas en su UserForm.

Para agregar un cuadro de texto, elija el botón Cuadro de texto en el cuadro de herramientas y, a continuación, haga clic en cualquier área del formulario que desee agregar el texto. Se le dará nas de cambio de tamaño. Estos identificadores proporcionan la capacidad de cambiar el tamaño del cuadro de texto como se ajuste a su ajuste.

Ahora, puede agregar varios controles en el cuadro de texto. Para el propósito de este ejemplo, vamos a seguir adelante y utilizar los controles siguientes dentro del cuadro de texto:

TextBox - Nombre: txtLastName

Etiqueta - Subtítulo: Apellido:

CommandButton - Nombre: cmdOK, Subtítulo: OK

TextBox - Nombre: txtDate

Etiqueta - Subtítulo: Fecha:

Etiqueta - Subtítulo: Importe:

CommandButton - Nombre: cmdClear, Subtítulo: Borrar

ComboBox - Nombre: cboDepartment

Etiqueta - Subtítulo: Departamento:

TextBox - Nombre: txtAmount

Casilla de verificación - Nombre: chkReceipt, Subtítulo: ¿Recibo?

CommandButton - Nombre: cmdCancel, Subtítulo: Cancelar

TextBox - Nombre: txtDescription, Altura: 45, Ancho: 132, Barras de desplazamiento: 2-fmScrollbarsVertical

Etiqueta - Subtítulo: Descripción:

Una vez que utilice los comandos anteriores, debería poder ver una ventana emergente que se parece a un formulario.

Debe tener el nombre, apellido, departamento, fecha y los otros comandos que ha introducido anteriormente.

Este es un UserForm simple con el que puede trabajar. Siempre puede modificar los controles anteriores para que se ajusten a sus necesidades y crear un formulario que funcione para usted.

Por último, una de las cosas que a las personas les gusta hacer mientrastrabaja con formularios es pasar de una sección a otra dentro del formulario mediante la función TAB. Puede decidir cómo funciona la función TAB. Esto significa que con comandos específicos, puede decidir qué sección le llevará la función TAB a la siguiente.

Para establecer un orden específico para su comandoTAB, entonces todo lo que tiene que hacer es ir al menú Ver. A continuación, siga adelante y seleccione la opción Orden de tabulación. Ahora se abrirá un cuadro de diálogo con una lista de todas las secciones del UserForm. El orden de la lista determina el orden en el que funciona la función TAB.

Por ejemplo, si el orden dice FirstName, LastName y Description, entonces va a comenzar con el Nombre. Cuando presione TAB, se le llevará al Apellido y luego si vuelve a presionar TAB, terminará en la sección Descripción. Si desea cambiar el orden (por ejemplo, si desea ir a Descripción después del nombre), simplemente use los botones Subir o Bajar proporcionados en el cuadro de diálogo. Esto le ayudará a realizar la función TAB de la manera que desee.

La función TAB se vuelve útil cuando tiene que rellenar el UserForm en un orden determinado o si desea cambiar el orden en el que se acerca al formulario en cualquier momento durante su actividad.

CAPÍTULO 6

Aprendizaje de Nombres Macro

Macro se puede utilizar comúnmente para hacer referencia a objetos de macro, especialmente los que un usuario puede encontrar en la ventana de navegación bajo el encabezado Macro. Pero, la realidad es que existen varias macros dentro de un objeto de macro. Es por eso que se conoce como un grupo de macros. Un grupo de macros aparece como un objeto de macro independiente en la ventana de navegación, pero sigue siendo un clúster de macros. Sin embargo, usted tiene la libertad de crear cada macro por separado como un objeto independiente, pero no es realmente una necesidad. Esto se debe a que cada macro, incluso las de un grupo, tiene su propio nombre único para la identificación.

Cada macro también tiene su propio conjunto individual de acciones. En general, necesitará más de un argumento para realizar acciones para macros. Como se mencionó anteriormente, cada macro tiene su propio nombre, que puede asignarle. Incluso puede agregar una serie de condiciones para controlar sus acciones en la aplicación. Encontrará una explicación detallada de tales acciones en capítulos posteriores.

Tenga en cuenta que si el grupo de macros solo tiene una macro listada debajo, es posible que no necesite agregar nombres de macro independientes. El nombre del grupo u objeto de macros se puede utilizar para hacer referencia a la macro que aparece debajo de él. Sin embargo, los grupos de macros con varias macros requerirán nombres concretos para cada macro. Si la columna con el nombre de macro no es visible para el constructor de macros, tendrá que presionar el botón Nombres de macro que aparecen en Mostrar/ocultar grupo en el menú de pestañas de Diseño. Siga leyendo para obtener más información sobre la ejecución de macros de un objeto o grupo de macros.

Tenga en cuenta que las expansiones de macros se acortan utilizando sus nombres de macro. Además, cada nombre de macro consta de un clúster de cadenas que son únicas. Cada uno de estos nombres comienza con un símbolo o una letra únicos, como $, o . Por lo tanto, los nombres de macro se pueden crear con varios símbolos o caracteres alfanuméricos también. A menudo, se recomienda que inicie un nombre de macro con el valor de . si está utilizando Oracle. Aunque, es esencial tener nombres únicos para identificar macros en varias aplicaciones, pero los nombres de macros globales y locales todavía pueden ser los mismos. En el caso que se está discutiendo aquí, se ofrecerá prioridad a las macros en el directorio local.

Para hacer referencia o crear una macro local con nivel de control de aplicación, debe usar nombres duales, como Sample.' @JPUM'. Tenga en cuenta que partes de un nombre de macro con símbolos especiales, como, por demás, deberán agregarse entre comillas (puede usar doble o simple).

Sintaxis

- Para la macro local, la sintaxis suele tener este formato: name1.name2

- Para la macro global, la sintaxis sólo tiene que ser: name2

El nombre de la aplicación se refiere por name1 y el nombre de la macro se denomina name2.

Argumentos

Con argumentos, las macros se proporcionan con un valor para realizar una acción. Estas acciones pueden ser sobre el funcionamiento de controles específicos, la visualización de cadenas en una ventana de mensaje, etc. Muchos de estos argumentos son cruciales, mientras que otros son sólo opcionales para el procesamiento. Puede encontrar argumentos en la ventana Argumentos de acción que se encuentra en el menú Generador de macros.

La versión 2007 de MS Office Access tenía la opción Argumentos como una nueva característica. No permite editar las acciones de argumento, sino solo verlas de forma similar a la acción. Con su ayuda, un usuario es capaz de entender la macro en un nivel mucho más fácil, ya que no tendrá que seleccionar cada acción por separado para ver los argumentos respectivos. Si desea que su Excel muestre el menú de argumentos, debe presionar el botón Mostrar/ocultar para Argumentos desde el menú de la pestaña Diseño.

Módulo

Si hablamos con una perspectiva amplia, un módulo hace referencia a un cuadro que está destinado para el código VBA. De hecho, un módulo es el área donde se almacena el código escrito en Excel. Piense en ello como un barco de carga o puerto, donde se pueden encontrar pilas de contenedores para el envío y almacenamiento de mercancías, etc. Al igual que las cargas están allí en el mundo real, los módulos están presentes en el mundo virtual - en el caso de Excel, los módulos contienen códigos VBA creados para macros.

Puede tener acceso a la lista de módulos disponibles en el libro de trabajo que usó actualmente en el Explorador de proyectos. El Explorador de proyectos es el área del Editor de Visual Basic o VBE. Puede utilizar otros tipos de módulos además de los estándar. Pero, tenga en cuenta que los estándares llaman sólo como módulos. Los módulos también comprenden procedimientos, que ahora se discutirán en la siguiente definición.

Rutinas y procedimientos

Con un procedimiento, que es un componente de la codificación del equipo, puede realizar una tarea o acción determinada. Técnicamente hablando, un procedimiento es un grupo de instrucciones que se declaran con una instrucción determinada. Esta declaración finaliza con el comando End. Tenga en cuenta que VBA tiene dos tipos de procedimientos. El primero es un Sub procedimiento, que se utiliza para realizar acciones en Excel. Además, puede iniciar un subprocedimiento con una instrucción de declaración: "Sub."

El segundo procedimiento es una Función, que está destinado a los cálculos y valores devueltos para la salida. Más adelante aprenderás más sobre esto.

Declaración

Estas son instrucciones que se utilizan para ordenar Excel para realizar varias acciones. Técnicamente, puede diferenciar las instrucciones en dos categorías. La primera se denomina declaración, como se lee en la sección anterior. Se puede declarar por el nombre y se utiliza para declarar una variable o una constante. El segundo tipo de instrucción es el que es ejecutable. Estos son responsables de especificar la acción exacta que debe tomar una declaración.

Existe otro tipo de instrucción, que se conoce como instrucción Assignment. Este tipo de instrucción se utiliza para asignar una expresión o valor determinado a una variable o constante.

Objeto

Las funciones anteriores descritas anteriormente están diseñadas para realizar tareas o acciones. Usted puede preguntarse, ¿por qué se están realizando estas tareas? La respuesta es Objeto. Puede entender este fenómeno más claramente al comparar la codificación VBA con el idioma inglés. Esto le ayudará a entender la lógica detrás de las macros y VBA. Por lo tanto, veamos la gramática en inglés para aprender acerca de un objeto. Según el inglés, un objeto hace referencia a una entidad en la que se realiza una acción. Usted puede encontrar un montón de objetos en la vida cotidiana que pueden establecer como ejemplos, como un ordenador, una bicicleta, un coche, etc.

Incluso en VBA, la situación sobre los objetos es principalmente la misma. Esto se debe a que VBA administra y opera en los objetos. Más de 100 clases de objetos están presentes en VBA, y este lenguaje opera varias acciones sobre todas ellas. Algunos objetos que VBA influye son celdas, hojas de trabajo, libros de trabajo, fuentes de celda y rangos de celdas. Los objetos más comunes que encontrará en los códigos VBA para la creación de macros son Selección y celdaActiva. Con CeldaActiva, Excel apunta a la celda activa actualmente, y cualquier acción relevante se va a llevar sobre ella en el código VBA.

Por otro lado, la Selección hace referencia al objeto que se ha seleccionado actualmente. En pocas palabras, los objetos se definen por sus clases. Ahora, aprendamos sobre las clases.

Clases

Como se ha explicado en el párrafo anterior, las clases están diseñadas para definir varias áreas de objetos, incluidos procedimientos, eventos, variables y propiedades. En función del párrafo anterior, puede pensar en objetos que son ejemplos de varias clases,

Como ejemplo para explicar esto, piense en dirigir un negocio que desarrolla motos. Para fabricar una moto, se va a necesitar un plano. Este dibujo será necesario para realizar un seguimiento del diseño y otros tecnicismos relacionados con la moto. Este plano de moto está ahí para caracterizar todas las características de la bicicleta que se produce en su organización. Puede considerar que un blueprint de este tipo es similar a las clases en VBA.

Con la ayuda de un plano, su empresa puede producir tantas motos como quieran y no se confundirán sobre el diseño, las características, etc. Estas bicicletas son similares a los objetos en VBA. Las clases en macros de Excel es un tema avanzado que se puede aprender mientras sigue practicando los conceptos básicos de Excel. Su relación con los objetos es segura.

Colecciones

VBA usa este término para hacer referencia a un grupo de objetos. Si consideras esta palabra en el nivel básico, entonces las colecciones son bastante similares a las colecciones del mundo real que conoces. Son simplemente varios objetos agrupados. Además, este grupo de objetos también puede ser una colección si está relacionada con precisión entre sí. Por lo tanto, las colecciones tienen la tarea de administrar y agrupar varios objetos juntos. Más específicamente, los que están relacionados entre sí.

Relación de objetos entre sí

MS explica que los objetos tienen una relación entre sí, ya que tienen similitudes entre sí. Sin embargo, la razón principal de una relación entre objetos es debido al contenedor en el que se agruparon. También puede hacer referencia a ella como una relación de contención que permite que los objetos con entidades similares se agrupan.

Existe otra relación, que se puede aplicar a las clases. Esta relación es jerárquica. Se presenta como tal cuando una clase es una derivación de una clase de nivel básico.

Propiedad

Los objetos comprenden varias características, cualidades y características, que pueden ser útiles para obtener la descripción de un objeto. Con VBA, tiene la capacidad de modificar y concluir las propiedades relacionadas con varios objetos. Para explicarlo mejor, aquí hay un ejemplo de la vida real.

Considera un perro. ¿Cuáles crees que son sus propiedades? Puede ser del tamaño de sus orejas, color de sus ojos o pelo, etc. Además de las propiedades proporcionadas para este perro en particular (que es un objeto), también tendrá ciertos métodos propios. Vamos a explicarlo en la siguiente sección.

Métodos

Para explicar qué métodos son, pensemos en un ejemplo vinculado al inglés una vez más. Se explicó anteriormente que un objeto es algo sobre el que se realiza una acción. Esa acción que se realiza en el objeto es el Método. Además, Excel está realizando ese método o acción en el objeto. Si recuerdas en la gramática inglesa, algo que realiza una acción en un objeto se denomina Verbo. Por lo tanto, su verbo en gramática en inglés es similar al método en VBA. Además, tomemos el ejemplo de perro para aprender acerca de los componentes de VBA.

Se mencionó antes que los perros pueden tener métodos propios. ¿Qué son? ¿Qué opinas de pasear a un perro? Es un método o acción que se está realizando en el objeto (perro) para completar una operación.

La apariencia de métodos y propiedades en Excel

En un programa VBA para crear macros, Excel está ahí para realizar todas las instrucciones que se le dan. Después de escribir un código de macro, Excel lo ejecuta y completa los comandos. En cualquier código, se enfrentará a propiedades, objetos y métodos agrupados sistemáticamente para realizar la acción básica de ejecutar una macro. Le indicará a Excel que realice cálculos, valores devueltos, ajuste texto en celdas, cambie colores, formas, etc. Todas estas operaciones que va a realizar son los métodos.

Matrices y variables

En la terminología de Ciencias de la computación, una variable representa una ubicación para almacenar un valor. A esta ubicación de almacenamiento también se le asigna un nombre. El valor se encuentra en la memoria de la máquina. De hecho, las variables se pueden considerar como áreas de almacenamiento para los valores asignados. Piensa en ellos como sobres. ¿Cuál es el propósito de un sobre?

Un sobre se puede utilizar para almacenar una carta, que tiene información en él. Puede colocar la carta con la información en un sobre. En el caso del lenguaje de la máquina, la carta de información es similar al valor de una variable. Incluso puede agregar un nombre en el sobre para hacerlo más específico, al igual que una variable. Ahora, considere una instancia en la que desea proporcionar a alguien información que se ha colocado dentro del sobre. Ahora, usted tiene dos maneras de proporcionar a la persona con la información relacionada con el sobre. O puede explicar la información a la persona, que luego seguirá abriendo todos los sobres para que coincidan con la información que ha descrito.

O bien, puede mencionar el nombre presente en el sobre, lo que ayudará a la persona a elegir solo el sobre específico con el nombre que describió de un grupo de sobres. De esa manera, la persona no tendrá que abrir todos y cada uno de los sobres para verificar la información. Entonces, ¿cuál crees que es la mejor manera de obtener la información de los dos métodos anteriores? Sin duda, es el segundo, ya que consumirá menos tiempo.

Aquí está un ejemplo para explicar esto mejor:

Asumir que tienes perro, y ahora tienes que cuidar de su dieta. Supongamos que su perro necesita huevos en su dieta todos los días. Para eso, usted ha contratado a cinco personas que alimentarán a su perro con huevos entre 5 y 10 diarios. Para que este plan dietético funcione correctamente, usted va a establecer algunas reglas para las personas contratadas. Cada persona necesita alimentar 1 o 2 huevos al perro.

También les ordena que se reporten a usted y le hagan saber el número exacto de huevos que le alimentaron al perro ayer. Piense en una aplicación VBA para crear este informe dietético para su perro. En una condición en la que cualquiera de las personas no siguió las instrucciones, que es alimentar 1 o 2 huevos al perro, entonces su solicitud le enviará una notificación para ello.

Piense en esta macro para que se nombre como Dieta de huevos para perro, donde tendrá que enumerar dos tipos de variables para que este código funcione. Su primera variable reflejará la cantidad de huevos alimentados por cada individuo al perro. Puede nombrar esta variable como "dietadehuevos." Su segunda variable está ahí para ayudar con el almacenamiento del número de identificación de cada individuo. Puede asignar un nombre a esta variable como "identidadpersonal." Ahora, ¿cuál es el procedimiento para crear las variables?

Para ello, tendrá que declarar la variable en el editor de VB. Al declarar una variable, le proporcionará un nombre y ciertas características. También indicará a la aplicación de Excel que proporcione un espacio para almacenar valores. Puede declarar una variable en VBA mediante la instrucción Dim. Puede encontrar más información relacionada con la declaración en otros capítulos o secciones. Por ahora, sólo piensa en el procedimiento para funcionar de esta manera sin estar confundido al respecto.

Usted tiene la capacidad de declarar la variable en varios niveles. La ubicación donde se declara la variable le mostrará la hora en la que se aplicará esta variable. Por ejemplo, tiene la opción de declararlo encima del módulo. Esta variable declarada al principio del módulo permanecerá en la memoria mientras esté abierta. Además, puede utilizar estas variables en todos los procedimientos que son relevantes para los módulos que se utilizan.

Además, también tiene la capacidad de crear variables con un acceso limitado si lo declara dentro de un procedimiento y no fuera de un módulo. Estas variables están limitadas dentro del procedimiento en el que se ha hecho su declaración. Definirá varios tipos de variables que almacenan distintos tipos de datos. Esto se puede hacer usando el término "As." Se puede utilizar un número de variables, como Rango, cadena, Largo, etc.

Como ejemplo para el caso de la dieta del perro, la declaración de variables se hará de la siguiente manera:

Dim identificacionpersonañ As entero

Dim dietadehuevos As Rango

39

Ahora, vamos a entender cómo estas declaraciones pueden ayudar a determinar la pista de los huevos alimentados al perro. También comprenderá cómo se utilizan las variables para este propósito. Tenga en cuenta que una variable con un solo valor se conoce como una variable escalar. Puede utilizar estas variables cuando necesite tener en cuenta solo un elemento. Sin embargo, en un caso en el que tiene que tratar con un clúster de elementos relacionados entre sí, esto podría ser difícil de usar. En esos casos, usamos matrices.

Considere las matrices como un clúster de elementos que tienen la misma relación y el mismo tipo de datos vinculados a cada uno de ellos. Puede considerar que esta función es la misma que la de una variable, que se utiliza para contener valores. La única variación es que las matrices se utilizan para varios valores al mismo tiempo. Por otro lado, una variable, o variable escalar solo proporciona un valor.

Al utilizar una matriz, la referencia se basa en varios elementos proporcionados a las matrices que utilizan nombres comunes. Sin embargo, se identifican individualmente mediante números que se conocen como subíndices o índices. Por ejemplo, si tienes un grupo de 10 perros, y los has numerado de uno a diez, entonces puedes llamarlos como Perro(1), Perro(2), Perro(3), etc., hasta que llegues a Perro(10). Ahora, teniendo en cuenta el ejemplo del código de dieta para perros, ahora se familiarizará con una condición.

Condición

Con la ayuda de una condición, está evaluando si una instrucción o expresión es false o verdadera. Después de determinar si la expresión resultó ser false o verdadera, Excel tomará la acción de ejecutar el programa o detenerse allí. Esta ejecución se lleva a cabo en las instrucciones siguientes.

Puede considerar una condición como una instrucción que debe ser verdadera para que se lleve a cabo una acción. Considere su ejemplo de dieta para perros para presentar una condición a seguir en el código. Tenga en cuenta que la estructura de la instrucción condicional tiene la forma de y si (If)... Entonces. Tras la observación, usted notará que la segunda declaración mencionada anteriormente se puede introducir con un y si... Entonces, ordene. Para ser más precisos, así es como se puede utilizar:

Si alguna de las personas no sigue la regla de no alimentar 1 o 2 huevos al perro, entonces sus macros deben notificarle con un recordatorio. Tenga en cuenta que las instrucciones condicionales no se limitan solo a Excel. También puede presenciar su uso en otros lenguajes de programación. En función del resultado evaluado, el IF... Luego, la instrucción indicará a Excel que siga el protocolo necesario.

Puede elegir varias maneras de crear su instrucción condicional para ejecutar su código VBA. Para darle un ejemplo de la instrucción condicional, consulte el siguiente código:

si *elvalordeLaDietadeHuevos <1 O dietadehuevos >2 entonces MsgBox ("Necesitas alimentar 1 o 2 huevos al perro todos los días")*

Vamos a entender este fragmento de código proporcionado anteriormente. El código inicial proporciona dos condiciones que Excel evaluará como false o true. La línea de código indicará a Excel que evalúe si el valor de dietadeHuevos es menor que uno o mayor que dos. Tenga en cuenta que dietadeHuevos está determinando el número de huevos alimentados al perro por un individuo. Esta es la condición en la que Excel concluye si la persona ha seguido la regla o no.

Si Excel ve que el valor almacenado es 1 o 2, entonces sabrá que la condición es verdadera y ejecutará la segunda instrucción. Si ninguna de las condiciones es verdadera, entonces no ejecutará la instrucción. Si observa la segunda línea, verá que es otra instrucción que este fragmento de código está proporcionando a Excel en caso de que cualquiera de las condiciones presentes en la primera instrucción no sea falsa. En este caso, si el individuo no ha alimentado ningún huevo al perro o ha alimentado más de dos huevos a él, Excel devolverá el mensaje que está presente en el cuadro de diálogo como un recordatorio. Con la tercera línea de código, el si... Entonces termina la declaración.

Ahora, usted ha sido familiarizado con la técnica de crear las variables para almacenar la cantidad de huevos que necesita ser alimentado al perro diariamente por cada uno de los individuos. Además, también ha aprendido cómo Excel recuerda a las personas con el mensaje haciéndoles saber que deben seguir la regla dietética proporcionada. Para completar este código, necesitará otra parte que se considere como una función básica en las estructuras de programación. La siguiente parte será útil para entender cómo se le preguntará a cada individuo acerca de la cantidad de huevos que le alimentan al perro.

Bucles

Estas instrucciones están presentes para ayudar a llevar una operación varias veces. En resumen, un bucle es una instrucción determinada que permite a Excel seguir un clúster de instrucciones varias veces. Al igual que la instrucción condicional, los bucles también se pueden estructurar de varias maneras. Sin embargo, para el ejemplo de dieta para perros, utilizará la instrucción de bucle For. El bucle For permite a Excel saber ejecutar las distintas instrucciones una y otra vez para cada uno de los componentes. La instrucción loop se puede agregar por encima de la instrucción condicional para ejecutarla correctamente.

La línea de código que se utilizará para este grupo en particular se proporciona de la siguiente manera:

Para cada dietadeHuevos En Rango ("B4:B8")

Puede ver que esta instrucción está escrita de tal manera que el bucle se ejecute. Se puede ver la representación de los elementos (huevos) que se discuten aquí por la variable dietadeHuevos. En particular, esta variable es el objeto variable RangO. La parte final del código habla sobre el grupo en el que se encuentran estos elementos. En la situación anterior, se refiere al rango de células de la célula B4 a la célula B8. Para estos conjuntos de celdas, el bucle repite el conjunto de instrucciones que se le han dado. Para cada bucle, la instrucción condicional Si....Entonces que se había discutido antes se aplica para cumplir el propósito.

El propósito aquí es devolver el mensaje si los huevos no se alimentan según la condición. El bucle se asegurará de que cada individuo reciba un mensaje devuelto a él o ella al cumplir con la condición, independientemente de ser verdadero o falso. Después de la instrucción condicional, tendrá que agregar otra instrucción para que el bucle se repita. Para ello utilizará:

Identificaciónpersonal - Identificaciónpersonal+ 1

Agregar esta instrucción indicará a Excel que se mueva a la siguiente persona en línea y repita el conjunto de instrucciones que comprende la instrucción condicional de nuevo. Este tipo de código es bastante simple y se puede entender y escribir fácilmente. Sin embargo, incluso puede crear códigos más complicados que se componen de varias instrucciones y comandos, como ExitFor o ContinueFor. Estos comandos pueden ayudar a reubicar el control de Excel en partes específicas de un código. La instrucción final de un bucle For se da por:

Siguiente dietadeHuevos

Esta instrucción finaliza el bucle y permite a Excel saber que vaya al siguiente elemento, que en el caso anterior es dietadeHuevos.

Por lo tanto, se ha familiarizado con las diversas funciones e instrucciones necesarias para aprender la codificación de macros VBA. Es posible que haya notado que muchos de los términos mencionados anteriormente se pueden utilizar indistintamente. Puede observar cómo todos estos términos funcionan juntos para crear un código que tiene un propósito que debe completarse. Si domina todos estos términos, definitivamente mejorará en la codificación de macros de Excel.

CAPÍTULO 7

VBA y Macros

Para entender mejor VBA, necesita conocer la diferencia entre macros y VBA.

Diferencia entre VBA y Macros

Tenga en cuenta que estos dos no son los mismos, aunque tengan una conexión cercana entre sí. En algunos casos, se sabe que los individuos también utilizan los dos términos indistintamente.

Como se mencionó anteriormente, las aplicaciones de Visual Basic es un lenguaje de codificación que comprende comandos específicamente para aplicaciones de MS Office como Access, Excel, Word y PowerPoint. Por otro lado, Macros no es un lenguaje de codificación. En realidad, macros es sólo una secuencia de instrucciones que tienen un propósito muy específico, que es automatizar varias tareas en aplicaciones como Excel.

De hecho, una macro es un clúster de instrucciones que desea que Excel realice para lograr una operación determinada. Con VBA, está creando macros y no las usa directamente para crear operaciones.

Por ejemplo, si ha leído las instrucciones de la receta, puede considerarlas similares a las que se encuentran en las macros de Excel. El aspecto que debe comparar entre las instrucciones de receta y las instrucciones de macros es que ambos están instruyendo para realizar un determinado conjunto de tareas. Lograr un objetivo particular a través de estos comandos es el objetivo principal de las macros.

Aunque el idioma utilizado para instruir recetas está en inglés adecuado, VBA tiene su propio equivalente para la creación de macros. Por lo tanto, las macros y VBA tienen una conexión, pero su tecnicismo no es exactamente el mismo. Sin embargo, se pueden utilizar varios términos dentro de los dos indistintamente.

VBA frente a macros: ¿por qué aprender macros?

Durante mucho tiempo, las macros han estado en desarrollo. Y, su existencia ha sido tanto como la de MS Office. Con las macros, hay una entrada de funciones de base de datos que se generalizan mediante la utilización de las funcionalidades de acceso de MS que existen. Para cualquier problema, error o confusión al usar macros, Microsoft nos proporciona la opción Ayuda para resolverlos. Además, existe la opción Borrar que ayuda con la generación de macros a un nivel fácil y alcanzable mientras las desarrolla.

Además, los comandos y operaciones de la base de datos se pueden implementar para generar macros en el panel Macros. A continuación, puede convertir estas macros en VBA para MS Access. En la mayoría de los casos, sólo se le requerirán para hacer algunas pequeñas ediciones para hacer que el programa se ejecute. Todo el espaciado, la funcionalidad y la sintaxis se agregan al archivo guardado, que comprende el código VBA. Este código está vinculado específicamente a la aplicación para la que se está grabando. Y, el mejor aspecto de esta aplicación es que incluso un programador de nivel principiante puede entender este código y crearlo para ejecutar varias tareas. Con este proceso, los usuarios que están aprendiendo macros, también pueden entender acerca de la implementación de código VBA.

Tenga en cuenta que crear y grabar macros es mucho más fácil en comparación con el aprendizaje de la programación VBA. Esto es cierto para las aplicaciones que no son tan completas y están presentes para las asignaciones a nivel global. Sin embargo, los códigos que son complejos no serán fáciles de entender para las aplicaciones en un nivel avanzado.

Las macros son una herramienta esencial para aquellos que encuentran VBA para ser más difícil de aprender. Algunas opciones en VBA pueden incluso parecer confusas a primera vista para algunos usuarios. Pero, aprenderlos y entenderlos abrirá nuevas posibilidades para entender este lenguaje de codificación. También ayudará a los usuarios a utilizar Excel, Access, etc. a un nivel diversificado.

Aprender macros puede no ser tan lento como otros idiomas, pero para acortar la carga, puede apuntar a aplicaciones específicas que tiene que o desea utilizar para su facilidad. Para aquellos que sienten que las macros son tediosas y consumen mucho tiempo, debe desarrollar y probar la programación VBA para fortalecer sus conceptos básicos. Al crear y aprender después de entender el VBA, puede entender cómo funciona la programación. De esa manera, usted será capaz de utilizarlos en otras aplicaciones, así.

Las macros solo serán útiles para un conjunto determinado de aplicaciones. Sin embargo, como este libro está dedicado a macros de Excel, entonces usted debe aprender este lenguaje de codificación para mejorar sus habilidades y reducir el tiempo innecesario mientras se calculan las hojas.

Un par de características por las que se conocen las macros son:

- Generación de formularios para múltiples propósitos.

- Realizar bucles con aspectos condicionales.

- Proporcionar diseños profesionales basados en formularios con interfaz vinculada a funciones de base de datos.

- Procesamiento de datos en segundo plano.

- Agregar módulos para controlar errores para ayudar a que las aplicaciones se ejecuten de forma eficiente.

- Combinación de características de Word y Excel vinculadas a la base de datos.

¿Por qué vale la pena aprender las macros de VBA para Excel?

Con Macros de Excel, puede ahorrar una cantidad considerable de tiempo para procesos relacionados con Excel u otras aplicaciones similares. Esta ayuda frecuente ofrecida a través de macros todavía puede tener un límite a ella. Además, cuando usted está teniendo una herramienta de grabación para trabajar con, en este caso macros, usted tiene una alta probabilidad de cometer errores.

Con la ventaja de VBA, tiene la capacidad de comprender sus códigos con mejor eficiencia. Con el conocimiento de VBA, podrá informar a Excel de las operaciones exactas para ejecutar un código. Esto le da el privilegio de acceder a más funciones y capacidades. Además, si su uso de Excel es frecuente, entonces aprender VBA puede ser un punto positivo para usted.

Como se mencionó anteriormente, Visual Basics Application es un lenguaje de codificación, que se puede utilizar con varias aplicaciones de Microsoft. Aunque VB o Visual Basic es un lenguaje de codificación, VBA se centra en una versión específica. A pesar de que Microsoft ha frenado la implementación de VB, VBA ha ganado impulso en ayudar a varias aplicaciones de MS a funcionar de manera más eficiente. Afortunadamente, las personas con poco conocimiento de la codificación, o las que están en un nivel principiante en programación, todavía pueden aprender VBA debido a su diseño simple y la interfaz fácil de usar.

Además, los usuarios recibirán notificaciones emergentes y sugerencias para utilizar varios comandos para trabajar mediante operaciones automatizadas. Esto ayuda en gran medida a hacer que los códigos de script funcionen mejor. Pero, uno necesita entender que VBA requiere práctica antes de acostumbrarse al lenguaje. Por lo tanto, si VBA es un poco más difícil de aprender que las macros normales, ¿por qué lo aprendería? La razón es la capacidad de crear mejores códigos, lo que es posible con macros VBA.

En lugar de simplemente presionar botones en las hojas del libro de trabajo y dejar que Excel registre los clics del mouse, tendrá toda la libertad y el conocimiento de usar macros de Excel con todas sus capacidades y funciones relevantes. Pero, es esencial que conozca la manera correcta de implementarlos. Después de la práctica regular, e implementar los códigos de macro en sus hojas de cálculo, será testigo de una disminución en el tiempo que pasa en su libro de trabajo, etc.

Además, notará que las predicciones de salida son mucho más fáciles de comprender, ya que le dará instrucciones a Excel para que ejecute el código de la manera que desee sin ningún hecho poco claro. Cuando haya desarrollado la macro relevante utilizando su conocimiento de VBA, tendrá mucha facilidad en el almacenamiento de los datos. De hecho, también tendrás la capacidad de compartirlo con tus colegas si quieres.

En resumen, las razones para aprender macros VBA en Excel es:

1. Es un lenguaje de codificación de nivel principiante.

2. Tiene una practicidad inmensa. Puede usarlo para aplicaciones de MS Office, incluido Excel.

3. Será una gran adición a su CV.

4. Le ayudará a resolver tareas desalentadoras mientras trabaja en Excel.

Usted puede encontrar muchas otras razones también, pero por ahora - estos deben ser suficientes para empezar a trabajar con macros.

Un ejemplo de macro de VBA codificada en Excel

La mejor manera de entender la macro sería a través de un ejemplo. Por lo tanto, ¿por qué no trabajamos en un ejemplo de macros VBA para explicarlo mejor. Considere una hoja de cálculo que consta de nombres, cifras de ventas y números de tienda donde los empleados están trabajando.

Con la ayuda de la macro, las cifras de ventas añadidas se insertarán con sus nombres correspondientes. Si lo desea, puede usar una fuente en línea para acceder al diálogo VBA.

Sub Ventasdetienda()

Dim Sum1 Como Moneda

Dim Sum2 Como Moneda

Dim Sum3 Como Moneda

Dim Sum4 Como Moneda

Para cada celda en el rango("C2:C51")

Cell.Activate

If IsEmpty(Cell) Then Exit For

```
If ActiveCell.Offset(0, -1) á 1 Then

Sum1 - Sum1 + Cell.Value

ElseIf ActiveCell.Offset(0, -1) á 2 Then

Sum2 - Sum2 + Cell.Value

ElseIf ActiveCell.Offset(0, -1) á 3 Then

Sum3 - Sum3 + Cell.Value

ElseIf ActiveCell.Offset(0, -1) á 4 Then

Sum4 - Sum4 + Cell.Value

End If

Next Cell


Rango ("F2"). Valor - Sum1

Rango("F3"). Valor - Sum2

Rango("F4""). Valor - Sum3

Rango("F5"). Valor - Sum4


End Sub
```

Si bien puede sentir que este código se ve complicado, puede ser segregado en partes que luego serán más fáciles de entender para usted. Eventualmente, usted tendrá una mejor comprensión de los conceptos básicos de VBA.

Declarando el Sub

Puede observar que el módulo anterior tiene la sintaxis ""Sub.VentasdeTienda()" al principio. Es la sintaxis para definir que se ha creado un nuevo sub, que se conoce como VentasdeTienda. Del mismo modo, también se pueden definir otras funciones. Si tiene que diferenciar entre un sub y una función, la base es que un sub no puede devolver un valor, pero una función sí. Esto es mucho más fácil de entender si entiende los conocimientos básicos sobre cómo se escriben los lenguajes de programación.

Su conocimiento de los lenguajes de programación también aclarará que los subs son simplemente varios métodos utilizados para definir, operar, etc. sin devolver valores. En el módulo anterior, no hay necesidad de devolver un valor, por lo que se ha utilizado un sub en él. Una vez que el código termina, se escribe "End Sub." Esto indica a Excel que la macro VBA escrita ha terminado.

Declaración de variables

En la línea de salida del programa en el módulo, se puede ver la palabra "Dim." Este comando bajo macros VBA es para declarar una variable. Por lo tanto, "Dim Sum1" está instruyendo a Excel para crear una nueva variable conocida como "Sum1." Además, queremos que Excel sepa el tipo de variable que estamos buscando. Por lo tanto, es esencial elegir el tipo de datos también. Existen varios tipos de datos en VBA. A través de una buena fuente en línea, puede localizarlos a todos.

Nuestro ejemplo descrito anteriormente habla de monedas, por lo que el tipo de datos utilizado para el ejemplo está relacionado con moneda. Para eso el código "Dim Sum1 Como Moneda" ordena Excel para desarrollar una nueva variable para Moneda, conocida como "Sum1." Cada variable que se ha definido, requiere una instrucción con el término "As" para permitir que Excel identifique el tipo de variable o datos.

Uso de un bucle para iniciar la operación

Como se mencionó anteriormente, algunos conocimientos de lenguajes de programación le ayudarán a entender fácilmente los bucles. Sin embargo, solo comprende que los bucles son una parte integral de los lenguajes de programación. Ayudan a simplificar códigos y módulos complejos. Para aprender sobre ellos en profundidad, puede buscar fuentes en línea confiables.

Existen varios tipos de bucles. Para el módulo anterior, estamos usando el bucle "For". Aquí es cómo este tipo de bucle se ha implementado en el código anterior.

Para cada celda en el rango("C2:C51")

[resto del código siguiente]

Next Cell

Este código indica a Excel que use la iteración para las distintas celdas especificadas en el código. En el caso anterior es de[2nd] a 51st celda de la Columna C. Además, el ejemplo también ha utilizado el rango de objetos, que es un tipo particular de objeto implementado con el directorio VBA. En lugar de especificar la acción para todas las celdas, las macros usan Rango para enumerar todas las celdas dentro de ese rango. De C2 a C51, el número total de celdas a las que se aplica esta función es 50.

Además, la instrucción "Para cada una" permite a Excel saber que cada una de las celdas se aplicará con una operación. La instrucción "Next Cell" indica que después de aplicar una función en cada celda, Excel necesita moverse en la siguiente celda. Con la siguiente celda, el sistema se mueve al inicio del bucle "For". Sigue repitiendo el proceso, hasta que todas las celdas dentro del rango se han tratado. Por lo tanto, la ejecución del código continúa en un bucle.

Otra instrucción que puede encontrar en el código es "Si esta vacia (Celda)" Entonces Salir Por."

Muchos de ustedes podrían ser capaces de entender cuál es su propósito, ya que es casi legible. Para otros que están confundidos acerca de su función – una vez que las celdas están todas terminadas, lo que significa que ha llegado a una celda que no tiene ningún valor rellenado en ella, entonces el bucle se cerrará.

Para su información, incluso puede usar otros bucles para este código, como el bucle "While". En este caso, el bucle "While" habría sido una mejor opción para escribir este script. Sin embargo, para enseñarle en un flujo, el ejemplo utilizó el bucle "For" para salir.

Uso de la declaración If Then Else

En cada código, una instrucción fundamental actúa como la función principal para ejecutar un programa. En el script anterior, la instrucción If-Then-Else es la clave de la operación de este programa. Puede encontrar la secuencia de pasos que se enumeran para esto a continuación:

If ActiveCell.Offset(0,-1) ?

Sum1 - Sum1 + Cell.Value

ElseIf ActiveCell.Offset(0, -1) á 2 Then

Sum2 - Sum2 + Cell.Value

ElseIf ActiveCell.Offset(0, -1) á 3 Then

Sum3 - Sum3 + Cell.Value

ElseIf ActiveCell.Offset(0, - 1) - 4 Then

Sum4 - Sum4 + Cell.Value

End If

Si usted fue capaz de entender el funcionamiento del ejemplo anterior con sólo leer el código, entonces es una buena cosa. Todavía puede ser posible que la instrucción "ActiveCell.Offset" le haya confundido un poco. Esta instrucción, por ejemplo "ActiveCell.Offset(0, -1)" indica a Excel que busque la celda que se encuentra en el lado izquierdo de la celda activa. El menos 1 representa un patrón de dirección similar al que se sabe que se utiliza en gráficos. Este ejemplo está permitiendo que Excel sepa que trabajar en la celda de columna indicada para el número almacenado. Si hay "1" ubicado en la celda, entonces el valor debe agregarse al valor en Sum1. Si Excel descubre que el valor almacenado en la celda es "2", entonces lo agregará al valor en la celda Sum2. Este proceso continúa de esta manera.

Excel compilará el código completo en este orden en particular trabajando en cada una de las instrucciones. Una vez que se ha cumplido la instrucción condicional, Excel se mueve a la instrucción "Then" para seguir las instrucciones pertinentes. Si la condición es irrelevante, Excel lleva la compilación a la siguiente instrucción indicada con "ElseIf." Otro caso que puede surgir es cuando ninguna de las declaraciones pudo satisfacer la condición. En ese caso, no se realizará ninguna acción para el script.

En el programa anterior, el esfuerzo combinado de bucles y instrucciones condicionales ha sido útil para cumplir la operación para la macro. El bucle ofrecido indica a Excel que opere a través de cada una de las celdas que se ha elegido para cumplir las condiciones.

Escribir valores de celda

La parte final del script de macro completo anterior consta de los resultados de las distintas instrucciones condicionales. El código para eso se da a continuación:

Rango ("F2"). Valor - Sum1

Rango("F3"). Valor - Sum2

Rango("F4"). Valor - Sum3

Rango("F5"). Valor - Sum4

Con la ayuda de . Valor seguido del signo para igual a, el programa proporciona a cada una de las celdas con un valor vinculado a su variable específica. Así es como funciona este programa para la macro. Por último, el "End Sub" indica a Excel que el programa se ha completado para el Sub. Eso permite que la aplicación termine la macro VBA. Después de eso, ejecutar la macro con el botón de macro le permite ejecutar todas las adiciones relevantes de las cifras de ventas en sus respectivas columnas.

Varios bloques de construcción utilizados en VBA Excel

Como se mencionó anteriormente, una mención complicada de VBA se puede simplificar si la divide en varias partes. Le resultará mucho más lógico y fácil de comprender en pequeñas secciones. Además, una vez que se acostumbre a leer y escribir estos scripts, su mente subconsciente entenderá las diversas sintaxis para la macro VBA de inmediato!

Aumente sus conocimientos en el vocabulario de sintaxis, códigos y declaraciones aumentará su velocidad al escribir dicha macro a un ritmo mucho más rápido. También mejorará su lógica detrás de la forma en que tienen que ser creados, lo que resulta en una mejor precisión de la salida. Además, será una alternativa mucho mejor usar macros que grabar clics para crear macros.

Buscar en línea de respuestas en varias partes confusas le dará una explicación de apoyo de tales términos y declaraciones en detalle. Si usted está interesado en aprender acerca de estos scripts en profundidad, entonces usted puede incluso Google acerca de ellos.

Pasar a un nivel intermedio o avanzado en macros le permitirá realizar tareas de nivel de avance, como examinar la información de su PC, enviar un correo electrónico a través de Excel y exportar tareas en Outlook.

CAPÍTULO 8

Localización de Macros en Excel

Antes de continuar con cómo usar macros, primero es necesario que entienda dónde encontrarlas en su programa de Excel. Primero tendrá que habilitarlo en Excel. De forma predeterminada, las macros siempre están desactivadas. Por lo tanto, tendrá que activarlo manualmente.

Así es como se puede hacer:

1. Abra Excel.

2. Haga clic en la pestaña Archivo.

3. Presione el botón Personalizar cinta de opciones presente en el cuadro de la izquierda.

4. A continuación, busque la casilla cerca de la sección Desarrollador, en el extremo derecho en la ventana.

5. Presione OK botón para habilitar el desarrollar pestaña en Excel encima de la cinta de opciones.

Un consejo: Cuando está presente en la ventana para personalizar la cinta de opciones, también puede quitar o agregar elementos de la cinta de Excel. Si tiene comandos que usa con bastante frecuencia, puede agregarlos a la cinta de opciones para tener acceso a ellos rápidamente.

Grabación y creación de macros

Para empezar con macros, primero debe crear una. La grabación de macros se considera la forma más sencilla de crear macros.

Así es como funciona:

Al presionar el botón de grabación se le pedirá a Excel que grabe literalmente toda la actividad futura de los clics de botón que realice. Una vez que haya completado la acción, puede hacer clic en el botón de reproducción, lo que hará que Excel repita el conjunto de clics que grabó por usted.

Para ser honesto, no puede encontrar una manera más sencilla de entender cómo crear macros que esto en Excel. Una vez que haya grabado una macro, puede echar un vistazo a los botones grabados para ver si no se perdió algo. Si hiciste algo mal, puedes modificar tu grabación, eliminar o añadir funciones y combinaciones, y reproducirla para comprobarla. Tenga en cuenta que con la práctica, usted será capaz de entender la forma correcta en que funciona para usted. Esta es solo una de las formas en que puede aprender a usar macros.

Pero, hay varias funciones que no son grabables. Esta es una limitación significativa que tienen las macros. Grabar macros es un paso inicial que te ayudará a acostumbrarte a la herramienta, pero si quieres idear una función más sofisticada, es posible que grabar tus pasos no sea un método adecuado.

Por ahora, necesita entender esta técnica simple y útil para grabar una macro.

Asegúrese de que ha habilitado la pestaña Desarrollador en la aplicación antes de empezar. Si no está activado, puede pasar por la parte anterior de este capítulo para aprender los pasos para iniciarlo.

Una vez que haya habilitado la pestaña Desarrollador, siga los pasos siguientes.

1. Abra un nuevo libro de trabajo en su Excel.

2. En la esquina inferior a la izquierda, encontrará un icono cerca de la palabra "Listo". Pulse ese botón para iniciar la grabación de la macro. El icono cambiará a un cuadrado pequeño, lo que significa que las macros se están grabando actualmente.

3. Al pulsar ese botón se abrirá una ventana Grabar macro. Esta ventana tiene varios campos para introducir el nombre, la ubicación (para almacenar la macro) y una entrada de tecla de método abreviado para la macro que está grabando. Puede cambiar los campos o dejarlo en valores predeterminados tal como está. Para este ejemplo, vamos a dejarlo como predeterminado. Pulse OK.

4. Presione la celda A1.

5. Escriba el texto Vendedor y pulse Intro

6. Después de eso, presione la celda A2 y escriba John. Pulse Intro.

7. Al presionar Enter te llevará a la celda A3, donde puedes escribir el siguiente nombre decir Jeremy. Pulse Intro de nuevo. Si cometiste algún error, simplemente arréglalo como lo harías normalmente y continúa con el siguiente paso.

8. Una vez que lo haya grabado, puede detener la grabación pulsando el botón cuadrado.

Ahora, es el momento de ver la macro creada.

9. Presione la pestaña Desarrollador.

10. Pulse el primer botón, que dice "Visual Basic." Esto le pedirá una nueva ventana. Esta ventana se conoce como el editor VBA en Excel. Dependiendo de sus respectivas configuraciones, es posible que vea un diseño de ventana variable, pero las opciones deben ser las mismas, sin embargo.

En algunos casos, la macro puede no aparecer en la ventana, pero está justo ahí. Sólo tienes que mostrarlo allí. Antes de aprender a mostrarlo, primero vamos a entender las diversas opciones en esta ventana. El cuadro en la parte superior izquierda se conoce como la ventana Proyecto. Podrá notar todas las hojas de trabajo de su libro de trabajo, con los módulos (macros se almacenan en módulos) que se han creado.

La ventana de la izquierda en la parte inferior se llama Propiedades. Esta ventana muestra todas las propiedades del objeto que seleccione en la ventana Proyecto. Por ejemplo, si selecciona Sheet1 en el cuadro Proyecto, podrá ver sus propiedades en la ventana Propiedades. El cuadro de la derecha, que es de color gris, es la ventana donde se mostrará el código de macro.

11. Expanda los módulos desde el cuadro Proyecto.

12. Esto resaltará el Módulo 1. Haga doble clic con el ratón para mostrar la macro en la ventana de código.

Debería poder ver el siguiente código Macro como se indica a continuación, si ha seguido los pasos con precisión.

Sub Macro1()

'

```
' Macro1 Macro

Rango ("A1"). Seleccione

ActiveCell.FormulaR1C1 - "Vendedor"

Rango ("A2"). Seleccione

ActiveCell.FormulaR1C1 - "John"

Rango ("A3"). Seleccione

ActiveCell.FormulaR1C1 - "Jeremy"

End Sub
```

Según la información anterior que se le ha proporcionado, observará que Excel elige una celda con la ayuda de Seleccionar método. Después de eso, registra el valor después del signo de la propiedad: FormulaR1C1. Siempre que necesite introducir texto en una celda en particular, siempre tendrá que agregarlo entre comillas.

La macro creada ejecutará cada código desde el inicio hasta el final ejecutando cada línea a la que le falte una cita como carácter inicial.

CAPÍTULO 9

Localización de Códigos Macro Creados

Si realiza un seguimiento del tiempo que pasa en Excel mientras realiza tareas pequeñas, repetitivas e insignificantes, entonces entenderá lo aburrido e irritante que puede ser. Usted puede notar que llenar varias celdas en su hoja de cálculo, insertar o formatear el texto tomará una cantidad considerable de tiempo. Usted puede tener el hábito de realizar estas actividades repetitivas, y usted puede pensar que se ha vuelto bastante rápido en completar la tarea. Pero, puede ser molesto hacerlo.

Piense en una tarea en la que solo tiene que pasar de 5 a 10 minutos rellenando cada hoja con los mismos detalles sobre su proyecto de libro de trabajo y luego enviándolo a clientes y contrapartes. Cada hoja tomará mucho de su tiempo sólo para esta repetición.

En la mayoría de los casos, usted no va a producir ningún resultado productivo fuera de esta actividad. De hecho, esta situación en Excel se considera un ejemplo importante en el enfoque improductivo y repetitivo. Mientras revisas este libro, debes sentir la importancia y el poder de las macros para ayudarte a superar este tipo de repeticiones. Con su ayuda, usted estará libre de escribir y llenar todo una y otra vez.

Por lo tanto, usted eligió esta guía y ahora, le ayudará con la realización de las tareas y el aprendizaje de los conceptos básicos de las macros. La creación de macros ahora se discutirá dentro de este capítulo.

Se le ha introducido la configuración de macros en uno de los capítulos anteriores. Ahora, es el momento de aprender a encontrarlos.

Ubicación del Código Macro

Como se mencionó anteriormente, la ventana del proyecto le ayudará a navegar por varios módulos, funciones, etc. Al expandir la ventana Proyecto VBA, verá dos carpetas: una está relacionada con Módulos y la otra es para Objetos en Excel. Puede encontrar varios elementos proporcionados en la carpeta Objetos. Pero, los elementos no estarán presentes en la carpeta Módulos. Haga clic en el signo más situado junto a la carpeta Módulos para comprobar su contenido.

Los componentes que están presentes en la carpeta Objetos pueden resultarle familiar, pero es posible que aún se sienta un poco confundido acerca de una carpeta Module y sus componentes. En palabras simples, puede considerar que un módulo es una carpeta para el programa VBA. Todos los códigos que se escriben en VBA se almacenan en la carpeta Módulo. Al grabar una macro, encontrará que su código se almacena en la carpeta del módulo bajo el nombre Module1.

Para ver este código VBA, solo tiene que hacer clic con el botón derecho en el componente Module1 o hacer doble clic en él para ver el código de macro grabado. Esto mostrará el código de macro VBE en la ventana de codificación presente junto a él. Cuando miras el código mostrado, ¿sientes que tiene algún sentido? Algunas partes que están en su mayoría en inglés tendrán sentido para usted. Sin embargo, otras partes todavía pueden parecer confusas para usted.

Otra consulta que puede venir a su mente mientras revisa el código es por qué tales instancias como cambiar el color de las fuentes, ajustar columnas automáticamente, cambiar el color de las celdas, escribir texto, etc. requiere una programación tan complicada? Esta pregunta es común que muchos no programadores tienen en sus mentes. La siguiente sección le ayudará a entender la razón de eso.

Implementación de código de macro de Excel para aprender VBA desde el nivel fundamental

Un signo positivo que puede aceptar mientras aprende código de macro es que se parece un poco al idioma inglés. Para que sea más fácil para los usuarios codificar en VBA, el uso de inglés estructurado es relevante, que es bastante similar al inglés común que hablamos. El uso de palabras en inglés estructuradas para ciertas operaciones es una estrategia clave que ayuda a entender las instrucciones de una manera eficiente. De esta manera, no solo Excel, sino el usuario que está escribiendo el código es capaz de entender lo que el comando está destinado a realizar en VBA. Comprender algunas palabras e instrucciones también ayudará a realizar un seguimiento de lo que el programa está destinado a hacer a un nivel complejo.

Esto no significa que todos los lenguajes de programación se componen de palabras en inglés que tienen sentido para el usuario. Algunos idiomas tienen sintaxis específicas que no son fáciles de entender a pesar de estar en inglés. VBA, por otro lado, sigue siendo un lenguaje de codificación más fácil que da un conocimiento fundamental de cómo funcionan los lenguajes de programación para principiantes.

Este es un pequeño ejemplo de código VBA:

Sub Easy_Excel_Tutorial()

'

' Fácil _Excel_Tutorial Macro

' Tipos "Este es un tutorial de Excel fácil". Columna de ajuste automático. Color celda rojo. Color de fuente azul.

'

' Método abreviado de teclado: Ctrl + Mayús + B

'

    ActivaSeleccionarCelda

    ActiveCell.FormulaR1C1 - "Este es un tutorial de Excel fácil"

    Seleccionar.Columnas.Autollenar

    Con Seleccion.Interior

        . Patrón: xlSolid

        . PatrondeColor á xlAutomatic

        . Color 255

        . TintaySombra á 0

        . PatrondeTintaySombra ? 0

    Terminar con

    Con Seleccion.Font

        . Color -4165632

        . TintaySombra á 0

    Terminar con

End Sub

Después de pasar por el código anterior, es posible que desee entender ciertos términos utilizados en él que pueden o no ser confusos.

ActivaSeleccionarCELDA:

Este comando está diseñado para señalar a las celdas que se seleccionan activamente en su hoja de trabajo. Cualquier principiante podrá comprender el uso de la palabra "Seleccionar" en Excel o VBA. Puede entender que esta palabra representa la elección de una selección determinada. En este caso, estamos eligiendo una celda activa.

Seleccionar.ColumnasAutoajuste:

Otro comando simple que tiene un propósito claro de seleccionar las columnas y ajustarlas automáticamente en función de su anchura. Cualquier texto que se haya escrito en las celdas de esta columna se ajustará simétricamente para crear una columna más prominente y de buen aspecto en la hoja de trabajo. El texto escrito en la celda será completamente visible y ajustado dentro de ella.

Tenga en cuenta que estos términos y comandos se tratarán con frecuencia mientras aprende el código de macro. Por lo tanto, usted necesita entender sus fundamentos.

El código de macro de Fundamentos de Excel

Para entenderlo mejor, ahora revisaremos el ejemplo de código completo que se ha indicado anteriormente. Debe examinarlo línea por línea para aprender cómo Excel ejecuta la macro. Incluso si usted no es capaz de entender algunas o todas las líneas en el programa, usted no tiene que preocuparse por ahora. El objetivo aquí es ayudarle a entender los conceptos básicos del código de macro VBA y sus operaciones. Además, mostrará cómo Excel seguirá las instrucciones paso a paso para cambiar el color de la fuente, el color de la celda activa y escribir la línea instruida en el programa.

Otra cosa que notará en la macro creada es que el código incorpora varias acciones que no llevó a cabo activamente. No se preocupe por las líneas que pueden parecer inútiles en esa instancia, ya que las acciones dadas a Excel se traducirán al código finalmente para que las procese.

Por ahora, vamos a entender las diversas partes del código de programación escrito:

1. Sub Easy_Excel_Tutorial()

La expresión Sub presente en esta línea de código es la forma abreviada para Subprocedimiento. Es un tipo de procedimiento que puede utilizar para desarrollar códigos en macros de Excel. Hay dos tipos de procedimientos, y este es uno de ellos. Con los subprocedimientos, está instruyendo a Excel para llevar acciones o actividades dentro de él. Además de Sub, el otro procedimiento es Función. Como se mencionó en uno de los capítulos anteriores, la función es útil para devolver un valor o realizar cálculos.

Por lo tanto, con el código anterior, está indicando a Excel que cree un Sub. Para crear este tipo de procedimiento, siempre tiene que comenzar con la palabra Sub, después de lo cual se agrega el nombre del procedimiento, seguido de paréntesis. Al final, el sub debe completarse con el comando "End Sub."

2. Los lines seguidos de un apóstrofo

Puede ver las líneas que se dan seguidas de un apóstrofo ('). Estos se refieren como comentarios y tienen las siguientes características:

- Usted indica comentarios usando el apóstrofo, por lo que comienzan después del símbolo (').

- VBA ignora cualquier línea que siga a este símbolo hasta el final. Al ejecutar el código, Excel no compilará estas líneas.

- En función de la acción anterior, la razón principal de los comentarios en un código es ayudar al usuario a obtener información relevante para el código de macro. De esta manera, es más fácil entender de qué se trata el código. Con los comentarios, los desarrolladores comparten información entre sí para borrar el propósito de un código en particular. Además, las modificaciones recientes que se han realizado en el código también se hace referencia mediante comentarios. Casi todos los lenguajes de programación tienen sus propias formas de resaltar los comentarios en los códigos para explicar mejor los procedimientos.

3. ActiveCell.Select

Al igual que la primera línea de código explicada anteriormente, esta también selecciona una celda activa en Excel. Para ser más precisos:

- La celda actual activa en la ventana activa de la hoja es ActiveCelda.

- Con seleccionar, el objeto se activa en la hoja de cálculo actual. ActiveCelda es la celda que está activa actualmente en esta.

4. ActiveCell.FormulaR1C1 - "Este es un tutorial de Excel fácil"

Esta instrucción indica a Excel que escriba la línea en la celda activa actualmente. Vamos a comprobar las diferentes partes de esta línea una por una. Por ahora, ya ha entendido la razón de ActiveCelda para estar allí en la línea. La parte escrita como "FormulaR1C1" está ahí para indicar a Excel para configurar una fórmula para el objeto. Para el código anterior, la fórmula se configurará para la celda activa.

El código R1C1 indica una celda relativa, en lugar de una celda absoluta. Encontrará más detalles sobre R1C1 más adelante. Entienda que la grabación de una macro en este caso es relativa, que puede tener una celda activa variable, en lugar de una fija. La fórmula a la que se refiere este código en este caso es el texto "Este es un tutorial de Excel fácil." Este caso desea que el texto se rellene en la celda activa o el objeto.

5. Seleccion.Columnas.AutoFit

Como se explicó anteriormente, las columnas se instalarán automáticamente con este comando en la celda activa. Esto se ajustará al texto completo de la celda con la ayuda del comando. Ahora se explicará el propósito de las diversas partes utilizadas en este comando:

- Selección: Se refiere a la selección actual. En el caso actual, se refiere a la celda activa.

- Columnas: se refiere a las columnas seleccionadas mediante el comando. En este caso, la columna con la celda activa se refiere aquí.

- AutoFit: Usted puede entender el propósito de esta palabra fácilmente. El comando ajusta automáticamente el ancho de la columna seleccionada con la celda activa. El ajuste automático no solo se limita a las columnas, sino también a las filas. Por lo tanto, también se puede utilizar un código relevante con filas en la selección para cumplir el propósito del código de macro.

6. El código de con ... para terminar con

Hasta ahora, las instrucciones de código de macro descritas anteriormente están realizando las dos funciones que se habían programado para hacer, que son: rellenar el texto "Este es un tutorial de Excel fácil" en la celda activa y ajustarlo automáticamente en la celda activa de la columna. Ahora, el código que comienza con "Con" indica a Excel que realice el siguiente conjunto de instrucciones.

Estos comprenden el cambio del color de la celda activa a rojo. Puede sentir que cambiar el color de una celda activa es un paso simple, pero según las limitaciones de programación, este es un procedimiento de varios pasos para realizar. Para realizar esta operación de colorear, tendrá que utilizar la instrucción con... Termina con.

El objetivo principal de esta instrucción es crear una sintaxis simple para ejecutar un conjunto determinado de instrucciones para el mismo objeto en cada instancia. Para este código en particular, el objeto al que se hace referencia es la celda activa. Puede ver en el código principal anterior que hay dos instrucciones de comando Con – Termina Con, que están sirviendo a sus respectivos propósitos.

Estas declaraciones comprenden la siguiente estructura:

El código debe comenzar con la sintaxis que hace referencia a objectExpression. Así que se convierte en "Con objectExpression." Por ahora, no es necesario entender mucho acerca del término objectExpression. Piense en ello como una variable typename que se reemplaza por seleccion. En este caso, "Seleccion.Interior" es el objectExpression de la primera instrucción para With-End With.

De forma similar, "Selection.Font" es el objectExpression para la siguiente instrucción. Este código o conjunto de códigos se mencionan en la macro creada para que Excel pueda ejecutarlo haciendo referencia al objeto seleccionado. Con la ayuda de la instrucción "Con", está instruyendo a Excel que siga el protocolo necesario. Más adelante, el código finaliza con la instrucción "termina con".

Desde el código se puede entender la parte dentro de la primera Con... Terminar con sintaxis. Para su comprensión, aquí está el código al que se hace referencia una vez más:

Con Seleccion.Interior

> *. Patrón: xlSolid*

> *. PatternColorIndex á xlAutomatic*

> *. Color 255*

> *. TintAndShade á 0*

> *. PatternTintAndShade ? 0*

Terminar con

Basándonos en el código anterior, ahora explicaremos cada una de estas líneas una tras otra.

- **La primera línea:** esta línea indica a Excel que haga referencia al interior de la celda activa mientras se ejecutan las distintas instrucciones. Estas instrucciones se encuentran dentro de la instrucción (Con – termina con) With-End With. Para realizar esta acción, un usuario debe comenzar con el comando "Con", como se hace en el código anterior. Este código ordena Excel que las líneas de código que siguen después de la With sintaxis deben ejecutarse.

  La selección en "Selection.Interior" se refiere a la selección de la celda activa, como se explicó anteriormente. El término Interior aquí se refiere al interior del objeto. En este caso está el interior de la celda activa. Como se mencionó anteriormente, "Selection.Interior" juntos se conocen como un objectExpression.

- **La segunda línea (Patrón x xlSolid):** Esta línea es la primera después del inicio del comando With-End With. Se ha añadido en referencia al interior de la celda activa actualmente. Con él, el código está estableciendo un patrón de color para el interior de la celda activa para que no elija colores sólidos. Usted puede lograr esto por esto:

1. "Patrón" le ayudará a configurar el patrón dentro de la celda.

2. "xlSolid" ayudará a marcar para que el patrón sea de color sólido.

- **La tercera línea (PatternColorIndex ? xlAutomatic):** Con esta línea de comandos, está agregando un patrón automático para la parte interna de la celda activa. Así es como funcionan las piezas:

1. "PatternColorIndex" le ayudará a establecer el color del patrón interno.

2. "xlAutomatic" se utiliza para garantizar que el color se selecciona automáticamente.

- **La Cuarta Línea (. Color 25:** Con esta instrucción, está indicando a Excel que seleccione el color necesario para rellenar la parte interna de la celda activa. El término "Color" está ahí para asignar el color de la celda. Dado que el número 25 se ha añadido de antemano, por lo que esto hace que la elección sea absoluta, que en este caso es el color rojo.

- **La Quinta Línea (. TintAndShade n.o 0):** Con esta línea de código, está indicando a Excel que elija un color que no sea ni demasiado claro ni oscuro para rellenar el interior de la celda activa. El comando ". TintAndShade" se utiliza para tomar una decisión para que el color se aclare u oscurezca adecuadamente para la celda activa. En este caso, el valor de este comando se ha establecido como cero, lo que establece un color neutro para la celda. Por lo tanto, no hay aclaramiento u oscurecimiento en la celda elegida.

- **La Sexta Línea (. PatternTintAndShade n.o 0): Al igual que** antes, este comando también se establece para elegir el color para el patrón en el interior de la celda activa. Al establecerse en cero, el color de patrón elegido no será un tono o matiz para los interiores de la celda activa. Con el ". PatternTintAndShade", la decisión para el patrón de sombra y matiz se tomará para la celda seleccionada.

- **La séptima línea (Finalizar con):** Como se discutió anteriormente, esta línea instruirá a Excel que la instrucción With---End With ha terminado.

7. **El segundo con el fin con la declaración:** Ya ha aprendido acerca del funcionamiento de la instrucción With-End With en los pasos anteriores. El código proporcionado tiene dos de estas instrucciones, por lo que ahora se analizará la segunda instrucción With-End With. Como ya ha juzgado, esta instrucción está realizando la acción relevante para crear las macros. La acción que está ejecutando es cambiar el color de la fuente a azul. También puede ver que esta instrucción es mucho más corta que la primera. En función de la estructura general que muestra, ahora se explicará cada línea.

- **La primera línea (con Selection.Font.):** comienza abriendo la instrucción con el comando Con, que proporciona a Excel instrucciones para seguir las instrucciones posteriores para el objeto definido que aparece allí. El objeto que se discute en la declaración es "Selection.Font." Según las discusiones anteriores, Selección es la opción actual para el código de macro escrito. Esta elección del objeto que se menciona en la instrucción es la celda activa. Además, la fuente hace referencia a la fuente del texto en la celda activa. Por lo tanto, "Selection.Font" indica la fuente de texto de la celda activa. Con el comando "Con Selection.Font", Excel sigue las instrucciones necesarias en la fuente de texto de celda activa.

- **La segunda línea (. Color -4165632):** Esta línea de código en particular también está instruyendo a Excel sobre el color de elección. En este caso, el color elegido es un color absoluto, ya que el valor relevante para el color se ha proporcionado en la macro. El código representa el color azul, que se elegirá para la fuente de texto en la celda activa.

- **La tercera línea (TintAndShade n.o 0):** esta instrucción también es similar a la anterior en el comando With-End With anterior. Con él, Excel mantendrá un color neutro para el tono elegido, que no es ni claro ni oscuro. Con el comando "TintAndShade", se puede cambiar el aclaramiento u oscurecimiento. Pero, el valor dado es cero, lo que hace que la sombra un color neutro, lo que significa que no se aclara ni se oscurece para la fuente de texto de celda activa.

- **La cuarta línea (Finalizar con):** Al igual que antes, esta instrucción termina la instrucción With. Por lo tanto, cualquier código que siga a esta instrucción es irrelevante para el With-End With comando.

8. **EndSub:** esta instrucción marca el final del subprocedimiento elegido para este código de macro en particular. Tan pronto como Excel compila esta instrucción, se indica que la macro ha terminado. Más allá de esta instrucción, no existe ninguna línea de código que se ejecute.

Consejos útiles para entender las macros

Si realmente tiene ganas de aprender macros en Excel a un ritmo más rápido, entonces estos consejos definitivamente le ayudarán a mejorar su eficiencia y velocidad. Para comprender mejor estos consejos, puede usar el ejemplo de código mencionado en la sección anterior de este capítulo como referencia.

- **Consejo 1: Modifique varias partes del código de macro VBA para seguir aprendiendo nuevos aspectos:**

  Como ejemplo de esta sugerencia, puede modificar la instrucción "ActiveCell.FormulaR1C1 " este es un tutorial facil de excel" y cambiarla a "ActiveCell.FormulaR1C1 - "MS Excel es facil!" Verá que la instrucción que se rellena en la celda activa, según el código ahora cambiará al nuevo texto.

  Del mismo modo, también puede experimentar con los colores seleccionados para la fuente y el interior de la celda activa. Por ejemplo, cambie el valor del color de 255 a 155 y el otro valor de color de -4165632 a 185. Puede ver los cambios en los colores usted mismo.

- **Consejo 2: Intente eliminar algunas de las instrucciones del código para ver cómo influye en la macro completa:**

  Por ejemplo, ¿qué cambios podrían producirse si quita la instrucción: "Selection.Columns.AutoFit"? Seguramente, el texto de la celda activa de la columna no se ajustará completamente dentro de la celda. Puede echar un vistazo a estos cambios ejecutando las macros de Excel de nuevo después de modificarlo. Sólo tiene que utilizar la combinación de teclas de atajo: "Ctrl + Mayús + B" y echar un vistazo al resultado usted mismo. Verá que los cambios realizados con las dos sugerencias anteriores alterarán el resultado que tenía del código de macro anterior. Por lo tanto, modificar así le ayudará a entender cómo funciona el código de manera más eficiente.

- **Consejo 3: Sigue repitiendo y practicando los pasos que aprendes:**

Dominar macros es lo más fácil cuando se practica regularmente. Repetir tus ejercicios, y practicar nuevos códigos te dará la ventaja para entender cómo funciona. Asegúrese de seguir el ejemplo proporcionado en la sección anterior. Busque más ejemplos de este tipo a través de varias fuentes y estudie cómo cada una de las funciones de comando para modificar la hoja de cálculo. Una buena manera de practicar es manteniendo una vista en tiempo real de la pantalla del editor junto a la ventana de código para que pueda ver los cambios realizados a través de su código de macro sólo allí. Es posible que necesite una configuración de doble monitor para obtener la máxima eficiencia en este caso.

- **Consejo 4: Sigue estudiando para ello y lee varias fuentes:**

Encuentre fuentes genuinas que le enseñen sobre macros de Excel además de este libro. Tenga en cuenta que este libro está cubriendo una comprensión básica de cómo funcionan las macros. Para practicar ejercicios y ejemplos, puede registrarse en portales web auténticos dedicados a macros de Excel. Incluso puede unirse a foros que admiten este lenguaje de codificación para preguntar sus consultas siempre que lo haya hecho mientras practica.

CAPÍTULO 10

Optimización del código VBA para un acercamiento más rápido a las macros

Este capítulo tratará la introducción de mejora y optimización y las técnicas para que usted practique. Estas técnicas prácticas son excelentes para fortalecer sus conceptos básicos como programador VBA. Además, puede ser fácilmente contado entre programadores expertos si es capaz de optimizar su código de macro.

Con los códigos VBA optimizados, está ahorrando mucho tiempo, por lo que ahora aprenderá varias maneras de optimizar su código. Tenga en cuenta que, tendrá que comprender cada uno de los siguientes métodos religiosamente e implementarlos en la programación para crear automatización, paneles e informes de Excel.

1. **Análisis lógico: Planear optimizar el código antes incluso de** comprender la lógica detrás de él es un mal movimiento. Por lo tanto, primero debe entender por qué está realizando una acción de este tipo en su macro. Sin la lógica relevante detrás de ella, es posible que nunca haya un valor agregado significativo a un programa VBA escrito. La simplificación de un código requiere una lógica detrás de él, que a cambio le ofrecerá una macro de alto rendimiento.

2. **Apague la pantalla de actualización: Debe evitar volver a pintar o parpadear de la** pantalla, lo que puede ser molesto mientras trabaja en un código. Puede hacerlo con el siguiente código:

Application.ScreenUpdating á False 'Esto desactivará la actualización al inicio del código.

Application.ScreenUpdating á False 'This will switch on the updating after the code has ended.

3. **Cambio de los cálculos realizados automáticamente:** Cuando hay un cambio en el número o contenido de la celda activa actualmente, las fórmulas asignadas a dicha celda también cambiarán. Esto da como resultado una alta volatilidad en los cálculos en la celda, ya que los datos completos comienzan a recalcular automáticamente. Puede dar lugar a un menor rendimiento, ya que es posible que no necesite que los datos se calculen en ese momento. Para ello, puede realizar los cálculos que se están realizando utilizando el código siguiente:

Appllication.Calculation á xlCalculationManual ' Esto cambiará de los cálculos al inicio del código.

Application.Calculation á xlCalculationAutomatic ' Esto volverá a activar el cálculo una vez finalizado el código.

Después de eso, cuando necesite implementar la lógica del programa para calcular los datos utilizando las fórmulas (ya que las macros dependen de las fórmulas), tendrá que implementar el código siguiente:

ActiceSheet.Calculate ' Esto calculará las fórmulas rellenas en la hoja de trabajo activa actualmente.

Application.Calculate ' Esto calculará los datos usando las fórmulas para todos los libros de trabajo actualmente activos en Excel.

4. **Deshabilitar los eventos:** puede usar el código siguiente para impedir que los eventos reduzcan el rendimiento de las macros.

Application.EnableEvents

Puede indicar al procesador del lenguaje VBA que active los eventos. Como hay una rara posibilidad de desencadenar eventos durante la modificación de un código, es posible que no lo necesite activo en este momento. Por lo tanto, es mejor desactivarlos y aumentar el rendimiento del código de macro.

5. **Ocultar los saltos de página:** cuando está utilizando la última versión de MS Excel para ejecutar las macros VBA, puede tardar más tiempo en ejecutarse de lo normal. Esto hará que tomen más tiempo que las versiones anteriores de Excel. De hecho, las macros que necesitan varios segundos para realizar una tarea en las versiones anteriores de Excel necesitarán varios minutos para cumplir en las versiones más recientes. Esto puede ocurrir cuando algunas de las condiciones se activan. Para que se ejecute de forma más eficaz, puede deshabilitar los saltos de página que se producen al escribir el código. Esto se puede hacer usando:

ActiveSheet.DisplayPageBreaks á False

6. **Uso del comando "Con" durante el procesamiento de objetos:** cuando un usuario intenta recuperar los métodos y propiedades de un objeto dentro de varias líneas de código, tendrá que evitar el uso del nombre del objeto. Además, él o ella también tendrá que evitar la utilización de la ruta completa del objeto una y otra vez. Esto puede hacer que el procesador VBA reduzca el rendimiento, ya que tiene que usar la compilación completa para el objeto cada vez que se ejecuta a través de él.

Esto es similar a lo que las macros se han diseñado para hacer. Piense en un usuario que tiene que realizar la misma tarea repetidamente. Es posible que a su programa VBA tampoco le guste esta acción. Por lo tanto, usamos la instrucción "With" para hacer las cosas más rápidas. Este es un ejemplo de una macro lenta y rápida que cubre la instrucción With.

Ejemplo de una macro lenta:

Hojas(1). Rango("A1:E1"). Font.Italic á True

Hojas(1). Rango("A1:E1"). Font.Interior.Color á vbRed

Hojas(1). Rango("A1:E1"). MergeCells - True

Ejemplo de una macro rápida:

Con Hojas(1). Rango("A1:E1"). Font.Italic á True

. Font.Interior.Color á vbRed

. MergeCells - True

Terminar con

La importancia de entender los dos códigos de macro es que, mientras que ambos realizan la misma tarea, la macro más rápida está usando la instrucción "With". Esta instrucción se dedica a la calificación mínima de objetos para el código. Esto aumenta el rendimiento del código, ya que hay menos datos que se compilarán en él. Con esta declaración, no tiene que escribir el concepto completo que comprende Range, etc.

7. **En lugar de comillas dobles, debe usar vbNullString:** este comando es un poco más rápido en comparación con el uso de comillas dobles. Esto se debe a que vbNullString actúa como una constante que tiene cero bytes de memoria. Por otro lado, comillas dobles es una cadena que tiene una memoria de 4 – 6

bytes, que puede causar un poco más de procesamiento mientras se trata de una macro. Por ejemplo:

En lugar de usar *strVariable á ""* , puede usar *strVariable á vbNullString*.

8. **Liberar la memoria de variable de objeto que están utilizando: Cuando se crea un objeto en un código de** macro, el programa crea dos memorias para él. Estos son un puntero y un objeto. También se llama al puntero como referencia para el objeto. Es posible que escuche de expertos que VB no requiere punteros, pero no es el caso. La verdad es que VB utiliza punteros, pero no permite que un usuario los cambie. En el backend, el programa sigue usando punteros también.

Para quitar el objeto en Visual Basic, puede cambiar su valor como nulo. Sin embargo, esto surge una pregunta: Si el programa está utilizando continuamente punteros de objeto, ¿cómo se puede cambiar su valor a null? La respuesta a la misma no se puede eliminar. Al establecer el valor del puntero en null, entra en juego un proceso conocido como recolector de elementos no utilizados. Este programa elige destruir el objeto o dejarlo en servicio. Puede autorizar este recolector de elementos no utilizados de varias maneras. Sin embargo, VB utiliza una forma conocida como método de recuento de punteros. En este proceso, una vez que Visual Basic ha terminado de analizar la última línea de código donde el objeto se establece en null, mueve el puntero que existe. En ese momento concreto, no hay punteros asignados a ese objeto. En ese momento, el recolector de elementos no utilizados quita el objeto y destruye todos sus recursos activos. Sin embargo, si hay un puntero que hace referencia al mismo objeto, no se quitará.

9. Reduzca el número de líneas con la ayuda de dos puntos (:): Es prudente evitar el uso de varias instrucciones individualmente, cuando todavía puede unirlas para crear una sola línea. Puede entender esto mediante los siguientes ejemplos:

Ejemplo de Macro lenta:

Con Selection.WrapText á True

. ShrinkToFit - False

Terminar con

Ejemplo de Macro rápida:

Con Selection.WrapText á True:.ShrinkToFit• Falso

Terminar con

Como puede presenciar en los ejemplos anteriores, se pueden unir varias instrucciones cuando se utiliza el símbolo de dos puntos. Después de implementarlo en el código, puede presenciar una reducción en la legibilidad, así como la velocidad para el código escrito.

Para el código más rápido, la lógica detrás de él que se compila es:

Al guardar la macro, se compila digitalmente. En comparación con el que es legible por un humano y que se encuentra en el editor de VB, las palabras clave utilizadas toman un token de 3 bytes. No puede utilizar palabras clave como variables. Además, las palabras clave se procesan a un ritmo mucho más rápido, ya que son entendidas por el ordenador mucho mejor. Las cadenas literales, variables y comentarios por el contrario no son directivas o palabras clave. Estos se guardan en el código tal como están. Una herramienta de compilación de VBA tokenizará las palabras, pero no hará lo mismo con las líneas. Además, estas líneas no se acortan y se quedan como están. Estos también terminan con un retorno de carro (es decir, restablecer la posición de la línea de código).

Tras la ejecución de una macro VBA, el procesador compila cada línea de una en una. Cada token de la línea que se compila se guarda con la ayuda de compiladores digitales. A continuación, siguen los procesos de interpretación y ejecución. Después de eso, el proceso pasa a la siguiente línea después de él. Con el uso de dos puntos para unir varias líneas en una, hay una reducción en los procesos que ocurren para capturar los datos por el programa VBA, mejorando así la velocidad y el rendimiento.

La modificación terminará mejorando el código. Además, hay un límite de usar solo 255 caracteres en una línea. Es posible que no tenga un proceso de depuración eficaz con la ayuda de la clave F8. Por lo tanto, no es aconsejable escribir largas líneas individuales, sólo para hacer el código más legible, que sólo sacrificará la velocidad y el rendimiento.

10. **Declarar varias constantes como constante y varias variables como variables como variable: Puede parecer una sugerencia bastante obvia para utilizar en el** código, pero muchos usuarios no siguen esto. Por ejemplo:

Dim Pi As Double

Pi 3.14159

En lugar de esto, se puede utilizar,

Const Pi As Double

Pi 3.14159

Como el valor de Pi no cambia, su evaluación se procesará durante el proceso de compilación, lo que es diferente del procesamiento de otras variables. Otras variables requieren procesamiento varias veces.

11. **No copiar códigos de pegado innecesariamente: Copiar y pegar códigos puede ser malo para el** rendimiento de un código. Puede optimizar el código sin necesidad de copiar pegando varios pasos con los siguientes consejos:

Evite esto:

Sheet1.Range("A1:A200"). CopySheet2.Range("B1"). PasteSpecial

Application.CutCopyMode - False 'Clear Cliboard

En su lugar, utilice esto:

'Pasando por alto el portapapeles

Sheet1.Range("A1:A200"). CopyDestination: Sheet2.Range("B1")

Evite esto:

Sheet1.Range("A1:A200"). CopySheet2.Range("B1"). PasteSpecialxlPasteValues

Aplicación. CutCopyMode - False 'Clear Cliboard

En su lugar, utilice esto:

'Omitir el portapapeles, si hay una necesidad de sólo valores

Sheet2.Range("B1:B200"). Valor: Sheet1.Range("A1:A200"). Valor

Evite esto:

Sheet1.Range("A1:A200"). CopySheet2.Range("B1").
PasteSpecialxlPasteFormulas

Aplicación. CutCopyMode - False 'Clear Cliboard

En su lugar, utilice esto:

'Pasar por alto el portapapeles, si hay una necesidad de fórmulas

Sheet2.Range("B1:B200"). Fórmula:
Sheet1.Range("A1:A200"). Fórmula

'Puede aplicar un código similar con fórmulas Array y FormulaR1C1.

12. **Utilizar las funciones en las hojas de trabajo en lugar de crear su propia lógica:** Aunque puede parecer lógico desarrollar y usar algo que el usuario entienda mejor, puede que no sea el caso de Excel también. Siempre es prudente usar los códigos nativos proporcionados en la hoja de trabajo para que el código se pueda procesar a una velocidad mucho más rápida. El uso de *Application.WorkSheetFunction* indica al procesador VBA que utilice los códigos presentes de forma nativa en la hoja de funciones en lugar de los interpretados. La aplicación de Visual Basic tendrá más fácil comprender el código que ya está presente en las hojas para que la use.

Aquí está un ejemplo para él:

mProducto

Application.WorksheetFunction.Product(Rango("C7:C14"))

En lugar de usar su propia lógica para definir el código, como:

mProducto n.o 1

Para i 7 a 14

*mProducto : mProducto * Células(4,i)*

próximo

13. **Reemplazar instrucciones como "Indexed For" por "For Each": Cuando un código implica una secuencia de** bucle, debe evitar usar la instrucción "Indexed For". Aquí está un ejemplo de la modificación del código anterior para explicar esto:

Para cada myCel en Range("C7:C14")

*mProduct á mProduct * myCell.Value*

próximo

Esto está relacionado con la calificación de objetos y funciona de manera similar a una declaración "Con".

14. **Evite usar "Macro Recorder" similar a un código: usar este código le ayudará a mejorar el rendimiento de la** macro. Este es un ejemplo para explicarlo mejor:

Evite esto:

Rango ("A1"). Seleccione

Selection.Interior.Color á vbRed

En su lugar, utilice esto:

[A1]. Interior.Color á vbRed

Salpicar el código con instrucciones como "Selección" y "Seleccionar" va a causar una reducción en el rendimiento de la macro. Usted necesita entender la razón detrás de ir a la celda y modificar sus propiedades, cuando simplemente puede utilizar el último comando para cambiarlo allí solamente.

15. **No utilice variantes y objetos en la declaración de declaración: después de** centrarse en una lógica prudente, asegúrese de evitar el uso de variantes y objetos en las instrucciones de declaración. Por ejemplo:

Evite usar:

Dim mCell As Object o

Dim i Como Variante

Al especificar el tipo o el valor de una variable, está ayudando a la macro a guardar memoria adicional. Esto puede tener una mayor ventaja cuando se trata de objetos de mayor tamaño. Puede ser confuso recordar la entidad exacta que había declarado como variante. Esto puede dar lugar a un uso indebido de la variable cuando se le asigna el valor. De hecho, Excel podría escribirlo sin mostrar ningún error de sintaxis.

Además, el descriptor de la variante tiene 16 bytes de longitud, el entero tiene 2 bytes de longitud, el largo es de 4 bytes de longitud y el doble es de 8 bytes de longitud. El uso inmático de estos puede tener un impacto drástico en el rendimiento del código. En su lugar, puede utilizar:

Dim I As Long

En lugar de

Dim I As Variant

Semejantemente:

Evite usar:

*Dim mCell As Object '*o

Dim mSheet As Object

En su lugar, utilice:

*Dim mCell As Range '*o

Dim mSheet As Worksheet

16. **Declaración directa de objetos OLE: declarar y definir objetos de** vinculación e incrustación de objetos (OLE) en la declaración de declaración se conoce como "enlace temprano." Por otro lado, declarar y definir objetos se conoce como "Enlace tardío." Tenga en cuenta que siempre es prudente elegir Early Binding sobre Late one. Por ejemplo:

Evite usar:

Dim oXL Como objeto

Establecer oXL á CreateObject("Excel.Application")

En su lugar, utilice:

Dim oXL Como Excel.Application

CAPÍTULO 11

Consejos y Accesos Directos Para Macros de Excel y Códigos VBA

Asignación de métodos abreviados de teclado de macros

En este capítulo, veamos 2 formas diferentes de desarrollar atajos de teclado para ejecutar macros. Además, también aprenderá sobre los pros y los contras de ambos métodos para las teclas de método abreviado.

Con la asignación de métodos abreviados de teclado, está reduciendo el tiempo que se tarda en escribir el código y procesarlo durante su ejecución en Excel. Esto es generalmente aplicable cuando hay una necesidad de realizar varias acciones en la repetición. En este capítulo, verá cómo los dos métodos utilizarán las teclas de método abreviado para utilizar la velocidad y la eficiencia del programa. Estas dos formas ahora se discutirán una por una.

El primer método: la ventana para las opciones de macro:

Con la ayuda de la ventana de opciones de macro, puede crear teclas de método abreviado para ejecutar varias macros de vez en cuando. Puede encontrar la instrucción para configurar los siguientes:

1. Puede comenzar esto buscando la opción de la pestaña Revelar y, a continuación, presionando el botón resaltado como macros. Puede comprobar las instrucciones

proporcionadas en uno de los capítulos anteriores para habilitar la opción de la pestaña Desarrollador si no está visible en la cinta de opciones. También puede utilizar la combinación de teclas corta: Alt + F8 para habilitar la pestaña Desarrollador.

2. Al elegir la macro a la que desea asignar la tecla de método abreviado, pulse el botón Opciones.

3. En la ventana emergente de Opciones de macros, puede crear el acceso directo que desea agregar para él pulsando un número, un símbolo o una letra. Debe tener cuidado de no reemplazar los accesos directos que existen de antemano. Algunos accesos directos ya existen, como Ctrl + V para pegar. Para evitar reemplazar las teclas de método abreviado existentes, también puede unir el número, el símbolo o la letra seleccionados con una tecla de desplazamiento. Esto hará que la combinación sea un poco compleja, pero no se invalidará. Por lo tanto, el código puede convertirse en Ctrl + Mayús + V.

Para eliminar una tecla de método abreviado existente, primero debe acceder a la ventana Opciones de macro al igual que en los pasos anteriores. Después de eso, sólo tiene la eliminación del símbolo, letra o número asignado en el cuadro allí.

El segundo método: Application.OnKey El método VBA:

Con la ayuda del código VBA, puede crear accesos directos para sus macros. La instrucción que puede usar para esto es el "Application.OnKey." Esta instrucción puede ayudar a quitar y crear accesos directos. Además, contará con una serie de opciones, que son más flexibles que el método de opción macro. Primero debe iniciarlo mediante el editor de Visual Basic. Para ello, simplemente presione el botón VB de la pestaña De opción Desarrollador.

También puede utilizar la combinación de teclas de método abreviado: Alt + F11.

Uso de OnKey para crear accesos directos

En esta técnica mediante el editor de VB, se escribirá un código para asignar los métodos abreviados de teclado a sus respectivas macros.

En primer lugar, tendrá que desarrollar una macro y asignarle un nombre correctamente, como CreateShortcut. Después de eso, comenzará una nueva línea con la instrucción de comando "Application.OnKey." Esta instrucción seguirá un espacio. Tenga en cuenta que hay dos parámetros en la técnica Application.OnKey. El primero es para el procedimiento, y el segundo es para la clave.

Aquí, la tecla es la combinación de teclas de método abreviado en el teclado. Por otro lado, el procedimiento es el nombre de la macro que se llama al escribir la combinación de teclas. Debe incluir ambos parámetros entre comillas.

Echa un vistazo a este ejemplo para aprenderlo mejor:

Sub CreateShortcut() 'Nombre de la macro

Application.OnKey "+-V-", "CellColorBlue" 'Esto sucede cuando se presiona la combinación más adelante mientras se ejecuta la macro

End Sub

En el ejemplo anterior, puede ver que el acceso directo de la combinación se ha descrito como "+ . Este es el parámetro clave que se utiliza en el código de macro. Tenga en cuenta que + sign es el código que se usa para Ctrl, y se usa el signo para Shift. Además, V es la clave que se ha añadido entre llaves. Puede encontrar la lista completa de códigos para todas las combinaciones de teclas a través de fuentes en línea. Con este código, está nombrando el procedimiento y asignándolo a la combinación de teclas relevante. El ejemplo de código anterior es el uso de la combinación de teclas para ejecutar una macro conocida como "CellColorBlue."

Eliminación de accesos directos de combinación de teclas con la ayuda de OnKey

Para ello, desmarque primero el código:

Sub DeleteShortcut()

Application.OnKey "+-V"

End Sub

Puede averiguar que el código utilizado para eliminar la tecla de método abreviado es fácil. Se ve bastante similar, con poca modificación en el de la creación de la combinación de teclas. En lugar de agregar "CreateShortcut", este código agrega "DeleteShortcut". Además, puede observar que el nombre del procedimiento también se ha eliminado. Al eliminarlo, es indicar a Excel que no hay necesidad de asignar trazos de combinación en el teclado para realizar una acción. Además, es un comando que está restableciendo las combinaciones en el teclado a su configuración predeterminada en Excel. Por ejemplo, si utiliza la combinación Ctrl + V, procesará el equipo para realizar una acción de pegado cuando se presionen las teclas.

Las técnicas para eliminar y crear macros tienen varias líneas de código al utilizar la técnica OnKey. Le permitirá asignar accesos directos para varias macros y que también todos a la vez.

Uso de la configuración automática de OnKey con eventos:

Estos procesos de asignación de combinaciones de teclas de método abreviado también se pueden automatizar mediante los eventos

93

Workbook_BeforeClose y Workbook_Open. Puede hacerlo con la ayuda de las siguientes instrucciones:

1. Busque la ventana proyecto en la ventana Editor de Visual BasIC y haga doble clic para abrir un libro existente.

2. Elija el libro de trabajo en el menú desplegable.

3. Incluirá el evento Workbook_Open. Después de eso, agregue la línea de código para una macro creada. Para ello, supongamos que el código para llamar a la macro es "CallModule1.CreateShortcut". Tenga en cuenta que el código no tendrá las comillas. Además, incluso puede eliminar la macro agregando otro evento para cerrar el libro en cualquier instancia. Para ello, debe elegir BeforeClose en la opción desplegable presente en el lado derecho de la ventana. Después de eso, puede llamar a la macro.

Si el almacenamiento de las macros está en un libro de trabajo personal, puede seguir el mismo procedimiento que se describe en los pasos anteriores. Puede buscar fuentes en línea para estudiar la creación de un libro de trabajo personal para macro. También puede aprender acerca de las ventajas que tienen.

Los pros y los contras de los dos métodos

Para los dos métodos, puede utilizar métodos abreviados de teclado para cada archivo que abra en Excel. Esto es cierto para el momento en que el archivo que tiene la macro permanece abierto. Aquí está una lista de los pros y los contras para ambos métodos ahora:

Ventajas de la ventana Opciones de macro

Configurar los métodos abreviados de teclado mediante opciones de macro es bastante fácil. Para aquellos que sienten que escribir un programa para crear un acceso directo macro es difícil, este método es una bendición.

Contras de opciones de macro:

1. Existen varias limitaciones cuando se trata del uso de claves o combinaciones de teclas. Algunas teclas que no se pueden usar para accesos directos son Página arriba, Fin, Inicio, etc.

2. Otro problema que puede surgir en el método de opciones de macro es que una clave ya puede estar asignada a otro acceso directo. Por lo tanto, si es un desarrollador, es posible que las combinaciones de teclas asignadas no controlen la ejecución de determinadas tareas que el usuario procesa. Asignar clave y reemplazarlas puede crear confusiones para el usuario y el desarrollador. Además, el orden de operación de los nombres de macro es alfabéticamente. Esto se debe a que los nombres de macro presentes en los libros abiertos están presentes en el equipo del usuario.

3. No existe ningún índice para las teclas de método abreviado mediante este método. No puede verlos en un directorio o archivo específico. Por lo tanto, si ya ha creado varios de ellos y no puede realizar un seguimiento de ellos, entonces puede ser difícil para usted utilizarlos. Tiene macros que pueden ayudarle a realizar un seguimiento de los accesos directos creados, pero que solo consumirán más tiempo para preparar uno.

Pros de la técnica Application.OnKey:

1. Es más fácil encontrar un método abreviado de teclado con la ayuda de un código VBA con la palabra clave OnKey. Puede implementar el uso de la combinación Ctrl + F que abrirá la ventana de búsqueda para buscar en el Editor de Visual Basic.

2. Si varias macros o libros de trabajo utilizan los mismos accesos directos, puede ordenar o priorizar las macros de ejecución. Los accesos directos que se desarrollan con la ayuda de la técnica OnKey se priorizan en comparación con los que se crean mediante Opciones de macro. Por lo tanto, la ejecución de la técnica mediante OnKey garantizará que la tecla de método abreviado creada con ella se ejecute antes que otras opciones.

3. Puede utilizar la acción Eliminar o eliminar con mucha facilidad para los métodos abreviados de teclado en este método. Es posible que tenga que crear teclas de macro para deshabilitarlas y habilitarlas desde la cinta de opciones con el teclado. Otra forma de hacerlo es mediante el uso de un acceso directo en el teclado para alternar varios accesos directos en el teclado.

4. También puede utilizar ciertos botones especiales que pueden no ser utilizables en el método de opciones de macro. Estos botones incluyen Página abajo, Fin, Alt, Inicio, etc. Además, las teclas combinadas Alt + Ctrl ofrecerán varias opciones para las teclas de método abreviado.

5. Dependiendo de las diversas condiciones del libro, los accesos directos pueden modificar los procedimientos dinámicamente.

Contras de la técnicaApplication.OnKey

1. Con una modificación en el nombre de la macro, el código también tendrá que ser revisado.

2. Tendrás que estar presente para procesar la acción para la asignación de accesos directos y ejecutarlos.

Por lo tanto, se le ha informado sobre los dos métodos para asignar accesos directos para macros. ¿Qué método crees que es más adecuado para ti? Seguramente, cualquier desarrollador experto que utiliza macros va a elegir la técnica OnKey, ya que es más eficiente en múltiples maneras. Además, ofrece la posibilidad de encontrar los accesos directos de una manera mucho más fácil. También tiene más opciones para las combinaciones de teclas, y tiene un control decente sobre la desactivación y habilitación de las teclas de método abreviado (incluso para varios accesos directos a la vez mediante la macro de alternancia).

Pero, tenga en cuenta que incluso este método es defectuoso de alguna manera. Por lo tanto, no hay un método perfecto, y usted tendrá que decidir por sí mismo para elegir el que te hace más cómodo. Sin embargo, intente dominar el método OnKey, ya que le dará mejores beneficios que el método de opciones Macro.

Algunos accesos directos importantes de macros de Excel que puede aprender

Ahora, revisaremos algunos accesos directos y consejos que puede utilizar en sus libros de Excel para ahorrar tiempo. El uso de estos para macros y otras aplicaciones relacionadas con MS Office le dará una ventaja mientras trabaja. Tenga en cuenta que en esta sección se analizarán algunos de esos accesos directos y consejos para ayudarle, pero eso no significa que estos son los únicos. Puede encontrar más a través de la investigación en línea para vba y macros accesos directos.

Dicho esto, comencemos:

1. **Alt + F11 (Abre la ventana VBE):** la ventana del editor para Visual Basic o VBE se puede abrir con esta tecla de método abreviado. Como ya sabe, VBE se utiliza para crear formularios para usuarios y escribir macros. También puede hacer clic en el botón Visual Basic presente en la opción Pestaña Desarrollador

en Excel. Elegir la tecla de método abreviado es más rápido y eficiente. Del mismo modo, puede utilizar una tecla de combinación similar para PC Mac. Pero, el único cambio es que la combinación de teclas tiene un Opt en lugar de Alt. Por lo tanto, el atajo de teclas es Fn + Opt + F11 u Opt + F11. Para habilitar la opción de la pestaña Desarrollador en la cinta de opciones, puede buscar las instrucciones descritas en una de las secciones anteriores de este libro.

2. **Ctrl + Espacio (completa las palabras automáticamente):** Esta acción clave es una de las más utilizadas entre los desarrolladores de VBA. Al utilizar los códigos, la combinación de teclas Ctrl + Espacio abrirá un menú desplegable que incorpora constantes, variables, propiedades, métodos y objetos.

Además, también puede implementar el acceso directo Ctrl_Space con el editor de Visual Basic. Para eso puede hacer lo siguiente:

- Comience escribiendo una instrucción de código, como ActiveCell.

- Una vez que escriba las primeras teclas, presione Ctrl + Tecla de espacio.

- Verá un menú desplegable para un grupo de todas las palabras en VBA que comienzan con la palabra Act.

- Puede utilizar las teclas de flecha hacia abajo y hacia arriba para elegir la palabra que desea utilizar.

- Después de eso, puede presionar Intro o Tab para seleccionar la palabra y completarla automáticamente.

Obtendrás dos profesionales importantes con esta tecla de acceso directo. Además de ser grandes partidarios de ahorrar tiempo mientras estás usando la acción de depuración para tus códigos, estos:

- Ahorre tiempo para usted sin necesidad de escribir variables o palabras largas.

- Reduzca cualquier posibilidad de error innecesario mientras escribe el código.

3. **Las teclas de función en los ordenadores portátiles:** Si ha estado utilizando un teclado de un ordenador portátil para escribir el código, entonces es posible que haya sentido la necesidad de presionar la tecla Fn para presionar las teclas de función, como F11. Tenga en cuenta que hay varios usos de una tecla de función en su computadora portátil, para la cual la tecla Fn necesita ser presionada en combinación con las teclas de F1 – F12. Varios portátiles vienen con una función donde el Fn se puede bloquear. Esto hace que las teclas de función actúen como las teclas principales, por lo que no es necesario presionarlas con la tecla Fn para activarse.

4. **Menú Intellisense de la hoja de trabajo:** el menú Intellisense es un menú desplegable que consta de palabras que están predefinidas para su ayuda. Al escribir el símbolo de punto (.), puede ver este menú activando en el editor de Visual Basic. Sin embargo, no siempre funciona. Un caso en el que no funciona es mientras se trabaja con la propiedad de las hojas de trabajo. Si presiona Hojas de trabajo ("Sheet1"), no se mostrará el menú Intellisense. Esto puede frustrar a algunos usuarios, ya que pueden pensar que es algún tipo de fallo.

Sin embargo, esto sucede porque la propiedad worksheets consta de varias referencias a varias hojas. Basado en las referencias, métodos y propiedades que varían para cada uno de los casos. Tenga en cuenta que Intellisense no es tan inteligente que puede identificar el símbolo de período allí. Esta frustración tiene que ser afrontada hasta que alguna actualización viene en la aplicación para hacer frente a ella. Sin embargo, puede usar las dos maneras siguientes para evitar este problema y encontrar el menú desplegable Intellisense para hojas de cálculo también.

- Puede usar el nombre en clave de las hojas de cálculo a las que hace referencia. Esta técnica es bastante fácil, ya que puede ayudar a sacar el menú. Esto funciona porque el código no se interrumpe si el usuario desea cambiar el nombre de la hoja.

- La segunda forma es estableciendo primero la hoja de trabajo en la que desea trabajar como una variable en el objeto Worksheets. Después de eso, cada vez que escriba el nombre de la variable asignada a su hoja de trabajo, con un período después de eso, se mostrará el menú Intellisense.

5. **Uso gratuito de comentarios:** Como se explicó anteriormente, los comentarios pueden ser útiles para comprender los códigos creados o modificados en una macro. También ayuda a comprender el propósito de un código en la macro. Se explicó anteriormente que se puede iniciar un comentario con la marca de apóstrofo ('). Tan pronto como mueva el cursor lejos de la línea de comentario, el texto de la línea cambiará a color verde. De esa manera, sabrás que es un comentario y será más fácil para ti diferenciarlo con el resto del código. Tenga en cuenta que VBA evitará leer todos los comentarios que están comenzando con la marca de apóstrofo. No hay límite para el uso de comentarios en la ventana del editor.

Pero, tenga en cuenta que los comentarios todavía no son tan ampliamente utilizados por los desarrolladores expertos de VBA. Creen que el propio código es capaz de dar una explicación completa de lo que el código está haciendo. Por lo tanto, creen que agregar un comentario es inútil. Sin embargo, esto puede no ser aplicable a todos los tipos de usuarios. Los principiantes pueden obtener ayuda con los comentarios visibles para entender el código. Algunas otras razones para la importancia de los comentarios son:

- Al volver a un fragmento de código de macro existente más adelante, es posible que no recuerde el propósito de una macro creada. Con los comentarios, al menos puede proporcionar varias secciones del código con encabezados que definirán su propósito. Hace que sea bastante fácil, al menos para los casos en los que el código de macro es largo. Además, ayudará a utilizar el código completo en cualquier momento a una velocidad mucho más rápida.

- A veces, los usuarios o desarrolladores comparten sus códigos de proyecto de VB con otros desarrolladores o usuarios para varios objetivos. Para la persona que no ha escrito el código, puede ser una gran ventaja entender lo que el código está haciendo con la ayuda de los comentarios mencionados.

6. **Uso de F8 Para paso a través de cada línea de código: Para recorrer cada línea de** código, usamos la tecla de teclado F8. Esta tecla de método abreviado es aplicable en ordenadores Mac con la combinación: Cmd + Mayús + I. Con esta tecla de método abreviado, puede depurar y probar cada línea de código en las macros creadas. Además, puede acceder a Excel junto con la pantalla del editor para comprobar el rendimiento de cada línea que se ejecuta en la pantalla. Esto es más factible cuando se utiliza un sistema de doble monitor.

Esto puede ser de gran ventaja en situaciones en las que desea seguir probando cada línea en busca de errores uno al lado del otro. Para usar el acceso directo A través o Paso a paso, puede seguir los siguientes pasos:

- Haga clic dentro de la macro que desea ejecutar. Puede hacer clic en la línea de código en la que desea pasar. La línea comenzará en la parte superior.

- Pulse la tecla F8.

- Resaltará el nombre de la macro en color amarillo.

- Presione F8 de nuevo después de él para compilar la línea de código. Esto resaltará la línea después de ella.

- Siga presionando la tecla F8 para compilar cada línea.

Tenga en cuenta que las líneas que se resaltan en cada paso no se ejecutan hasta que se vuelve a pulsar la tecla F8.

7. **Asignación de macros a varias formas: puede parecer un diseño obsoleto para el uso de controles de** hoja para varios botones que ejecutan macros. Afortunadamente, el uso de formas también es aplicable en Excel para ejecutar macros. Puede formatear o colorear estas formas para que parezcan botones en la hoja. Aquí está el método para asignar varias formas a sus macros:

- Añade una forma a tu hoja. Formatee como lo prefiera. Puede cambiar la forma a circular o rectangular según sus preferencias.

- Después de eso, presione clic derecho en la forma que seleccionó y haga clic en la opción "Asignar macro".

- Seleccione la macro relevante que desee de la lista proporcionada y pulse OK. Normalmente, esta macro es la misma que se almacena con la misma forma que usted ha decidido que sea la suya.

- Haga clic en la forma seleccionando una celda de su hoja de trabajo.

- Al mover el cursor del ratón sobre la forma, verá que el cursor del ratón cambia a una mano. Esto indica que puede realizar una acción con la forma. En este caso ejecutará la macro asignada.

Tenga en cuenta que es prudente que tenga una opción de cuadro de mensaje presente allí con un botón Sí o No para preguntarle si desea ejecutar la macro. Esto es útil para evitar la ejecución de una macro innecesaria.

8. **Utilice el bucle Para siguiente para ejecutar tareas repetitivas automáticamente: las macros de** Excel se han diseñado para un propósito significativo, que es realizar tareas que deben repetirse una y otra vez. Estas tareas incluyen copiar datos de libros de trabajo de uno a varios libros de trabajo, configurar filtros para cada tabla dinámica, desarrollar listas en hojas, dar formato a varias hojas, etc. Tenga en cuenta que los bucles son de gran importancia en las aplicaciones VB. Su propósito es ejecutar automáticamente ciertas tareas asignadas a ellos. Ayuda a poner en bucle un cierto conjunto de instrucciones hasta que las tareas cumplen el propósito por completo.

Como se mencionó anteriormente, existen varios tipos de bucles que se han utilizado en varios lenguajes de programación. El bucle For Next es el más común de todos. Puede obtener información sobre los bucles en detalle de varias fuentes en línea.

9. **Uso de la opción explícita:** Muchos desarrolladores evitan usarlo, pero sigue siendo una sugerencia recomendada que se

puede utilizar por sus ventajas. Puede utilizar Option Explicit para declarar variables. Es una forma de prevenir los puntos apíolos para varios nombres de variables en el VBE. La declaración de variables y evitar el tokenización innecesario ya se ha discutido en capítulos anteriores.

Con Option Explicit, está indicando a VBA que desarrolle una variable y la guarde dentro de la memoria para que sea accesible en etapas posteriores mientras ejecuta un código. A medida que las variables se guardan de antemano, puede utilizar la variable sin hacer ningún error tipográfico y ahorrar algún tiempo al escribir el código y repetir el nombre de la variable. Cualquier variable no declarada será seguida por el VBE con un error del compilador que dice "Variable No definido." También mostrará la variable no declarada para que pueda corregir el error tipográfico sin necesidad de buscarlo. Si la función Option Explicit está desactivada, es posible que acabe con errores al escribir una variable mal escrita. Sin embargo, puede ser difícil localizar el error en una macro larga sin la función Option Explicit activada. Por lo tanto, intente usarlo mientras escribe el código. Para activarlo, simplemente escriba "Option Explicit" en la parte superior del módulo. VBE puede automatizarlo por usted si va a Herramientas -> Opciones -> y marca la casilla "Requerir declaración variable". Puede ver las palabras Option Explicit escritas en la parte superior del módulo para escribir el código para saber que está activado.

10. **Uso de las tablas de Excel o ListObjects:** existen varias ventajas que admiten el rol efectivo de tablas de Excel en libros de trabajo. Puede reducir la cantidad de tiempo que pasan con ellos rellenando automáticamente columnas, abasteciendo datos para tablas dinámicas y dándoles formato. Con las tablas de Excel, el código VBA es mucho más fácil de escribir específicamente para datos dinámicos. Nos referimos a él como

dinámico, ya que sigue actualizándose dependiendo de la adición de un nuevo conjunto de datos o lista en la fila o columnas de las hojas de trabajo. Puede tener muchas instancias en las que se necesita el uso de tablas de Excel. Para eso ListObjects se utiliza en el código para crear la operación necesaria para modificar la tabla a medida que avanza con la entrada de datos. Tenga en cuenta que las tablas de Excel le permiten actualizar la lista incluso cuando se quita un dato de la lista de la tabla.

11. **Uso de la Grabadora de macros: esta característica es exclusiva de** las aplicaciones de Excel y VBA. Al ejecutarlo, comenzará a crear código VBA en MS Excel. Por ejemplo, al activarlo, puede realizar sus tareas habituales en Excel, como escribir fórmulas o copiar/pegar texto. Mientras tanto, la grabadora de macros comenzará a crear el código relevante para sus acciones y lo guardará en el módulo para el código en la ventana del proyecto.

Esta herramienta excepcional es ideal para principiantes, ya que ayuda a entender cómo se crea el código para sus acciones macro. Le proporciona fragmentos de código y comprensión de vez en cuando. Tenga en cuenta que el modelo de objetos de Excel es tan vasto que es casi imposible aprender todos los métodos, referencias a objetos y propiedades presentes en él. Por lo tanto, el uso de una grabadora de macros puede ayudar a acceder a parte del código de los objetos, formas, listas, segmentaciones, tablas dinámicas, etc., que se usan con frecuencia en los libros de trabajo.

Sin embargo, hay algunas restricciones con los grabadores macro. No agregará ningún fragmento de código para cuadros de mensaje, comandos If, errores/errores, bucles, etc. Para aquellos, el usuario tendrá que crear el código por su cuenta mediante el aprendizaje de estos métodos avanzados. Estos métodos le permitirán comprender el lenguaje de codificación VB completo para crear macros de forma eficiente.

12. **Ventana inmediata: esta ventana permite al editor de Visual Basic ejecutar cada línea de** código por separado. Tiene la capacidad de ejecutar una técnica relacionada con un objeto o devolver la salida de código en la ventana Inmediato. Por ejemplo, tiene una tarea para buscar el número de hojas de trabajo en un libro de trabajo determinado. Para eso, puede hacer a la ventana una pregunta en el código VBA, como:

? Worksheets.Count

Al presionar enter, la consulta se dirige con su respuesta en la siguiente línea. También puede usar la ventana inmediata para depurar líneas de código con la ayuda de la técnica Debug.Print. Además, puedes acceder a esta ventana con la tecla de acceso directo: Ctrl + G.

13. **Asignación de métodos abreviados de teclado de macros:** ya está familiarizado con esta técnica, como se había discutido en uno de los capítulos anteriores. Sin embargo, no hace daño volver a visitarlo una vez más, ya que es una función importante para ayudarle a asignar accesos directos para las macros creadas. Puede utilizar la ventana Opciones de macro para acceder al área para asignarle la clave.

- Pulse el botón Macros ubicado en la opción Desarrollador o también puede acceder a él desde la opción Ver presente en la cinta de opciones.

- Seleccione el archivo que consta de la macro en el menú desplegable presente en el cuadro Opciones de macros.

- Seleccione las macros de la lista y pulse el botón que dice "Opciones."

- Escriba la letra para la que desea asignar las macros desarrolladas. Como se mencionó anteriormente, puede crear una combinación compleja para evitar cualquier invalidación de las teclas de método abreviado para alguna otra operación. Siempre es aconsejable seleccionar una tecla con la tecla Mayús para que sea una combinación única.

- Pulse el botón OK una vez que haya asignado las teclas.

- Después de eso, puede acceder a sus macros pulsando la tecla de método abreviado vinculada a ella y usarla.

14. **Comprobación de si un rango seleccionado está presente o no:** varias veces, puede enfrentarse a una situación en la que un rango de celdas tiene que identificarse si están seleccionadas o no. Esto es necesario antes de ejecutar una macro. En algunas situaciones, pueden tener una forma, como una segmentación de datos, un gráfico, etc., seleccionada para ellas, entonces puede causar un error en el código de macro.

Por ejemplo, un código está ahí para eliminar filas que están en blanco en un rango de celdas elegido. Para ejecutar una macro normalmente, primero tendrá que elegir un rango para que el código funcione. El siguiente código le ayudará a verificar si se elige o no el intervalo:

«Para comprobar si se elige un rango

Si TypeName(Selection) <> "Range" Then MsgBox "Please choose a range beforehand.", vbOKOnly, "Select Range"

Salir de Sub

End If

En este código, la función TypeName devolverá un nombre del objeto o tipo de datos para los objetos o variables proporcionados. En el caso anterior, comprobará la selección y devolverá los tipos de objeto seleccionados allí. Si no se selecciona un intervalo, la instrucción If servirá para su propósito. Normalmente, este código debe agregarse por encima de la macro. Si no hay ningún rango seleccionado, aparecerá un cuadro emergente en la pantalla que sugerirá al usuario que primero seleccione un rango. Como de costumbre, la instrucción Exit Sub finalizará la macro.

15. **Ctrl + Y (Elimina una línea de código):** Esta útil herramienta en VBE está ahí para eliminar las líneas que el cursor del editor está resaltando activamente. Esto puede ser un poco confuso para algunos, ya que Ctrl + Y es una tecla de método abreviado que se ha utilizado universalmente para rehacer una operación en una aplicación, incluso en Excel. Si marca el menú editar en su Excel, verá que el comando Rehacer no tiene ninguna tecla de método abreviado asignada. Como alternativa, para Rehacer, puede usar Alt + R o Alt + E para rehacer. Sin embargo, en el editor VBE, puede usar Ctrl + Y para eliminar una línea.

16. **Uso de Ctrl + i Para acceder a información rápida:** Este importante método abreviado de teclado está ahí para ayudar con varios consejos y notas cortas sobre para qué se utilizan los diversos métodos, funciones y propiedades. Para usarlo, puede pulsar los botones Ctrl + i, que puede hacer de la siguiente manera:

- Resalte el cursor sobre el texto o la palabra relevante según la que desea buscar información.

- Después de eso, presione las teclas Ctrl + i.

- A continuación, verá una pantalla junto al texto.

- Puede pulsar el botón Esc para cerrar la ventana o simplemente puede mover el cursor desde ese texto.

Si hay una variable elegida dentro de la línea de código para la que desea ver información (específicamente para sus parámetros, en lugar del valor de la variable o el tipo de datos que tiene), puede presionar la combinación de teclas Ctrl + Mayús + i para ver la información de la paramómetro.

17. **Ctrl + j Para usar el menú desplegable Intellisense: el** menú Intellisense se discutió anteriormente para que sepa para qué se utiliza. Puede utilizarlo para visualizar métodos, objetos, propiedades, etc. después de escribir el símbolo de período (.). Sin embargo, a veces desea volver a visitar una línea determinada para ver el menú Intellisense para ese objeto en particular. Para ello puede pulsar las teclas Ctrl + J para ver el menú. Como alternativa, puede escribir esa línea de nuevo para volver a abrir el menú Intellisense para esa línea en particular.

Además, puede pulsar las teclas de combinación Ctrl + J para elegir las distintas variables de la lista desplegable. A veces, un usuario puede seleccionar una variable incorrecta, para la que necesita modificar el nombre. Al presionar ctrl + J teclas ofrecerá una lista de nombres de variables para que cuando el cursor se resalta sobre esa variable mal escrita en particular. Además, al prefijar un nombre de variable se cerrará la otra variable de la lista.

18. **Funciones de hoja de trabajo: Varias funciones en la hoja de trabajo también se pueden utilizar en su libro de** trabajo en Excel. Puede utilizar estas funciones en varias fórmulas en Excel, como min, max, countif, vlookup, match, etc. Para ello, debe escribir WorksheetFunction., en el editor de macro y, a continuación, puede ver todas las funciones que se le proporcionan en las aplicaciones de Visual Basic.

Puede pensar en las funciones de la hoja de trabajo como un ejemplo en vivo que muestra cómo la eficiencia de Excel se combina con la facilidad de uso del código VBA. Tenga en cuenta que al usarlo, se le proporcionará la lista de argumentos, pero no sus nombres. Por lo tanto, tendrá que escribir la fórmula para él en Excel para determinar el tipo de argumento, a menos que ya los haya memorizado.

Aunque puede variar de un usuario a otro, sin embargo, Coincidir es la función más utilizada de la hoja de trabajo en VBA. Se puede utilizar para buscar un valor y devolver un número de columna o fila que indica este valor coincidente. Para algunos, puede ser una alternativa más fácil a la técnica Range.Find.

Comprender la grabación macro absoluta y relativa

Ahora que te has sintonizado con los conceptos básicos de Macros y tienes una pequeña visión de la grabación de Macros, ahora es el momento de profundizar un poco más. Ahora vamos a entender cómo puede comenzar a grabar macros.

Antes de empezar, vamos a entender un punto esencial: Excel le proporciona dos modos con el propósito de grabar. Estos dos modos son referencia absoluta y referencia relativa.

Vamos a tratar de averiguar cómo podemos trabajar estos dos modos.

Modo Uno: Grabación con referencias absolutas

De forma predeterminada, utilizará la referencia absoluta cuando empiece a trabajar con macros de grabación. Cuando usamos el término 'referencia absoluta', entonces lo estamos usando en el contexto de las referencias de celda que se descubren en las fórmulas. Esto significa que cuando una referencia de celda en una fórmula determinada tiene una referencia absoluta, entonces no se modifica automáticamente cuando pega la celda en un nuevo área de la hoja de Excel.

Tal vez la mejor manera de entender esto es poniendo todo el concepto en práctica. Así que vamos a ir directo a ella.

Primero vamos a crear un gráfico en Excel.

	Un	B	C	D	E	F	G	H
1		**Región**	**Objetivo**	**Rama**				
2		E.e.u.u	Nueva York	01234				
3		E.e.u.u	Nueva York	12341				
4		E.e.u.u	Nueva York	23544				
5		E.e.u.u	Nueva York	73568				
6		Asia	Shanghai	94678				
7		Asia	Shanghai	25208				
8		Asia	Shanghai	24621				
9								

Ahora vamos a grabar la macro.

1. Lo primero que debe asegurarse es que tiene seleccionada la celda A1.

2. Dirígete a la pestaña Desarrollador y, a continuación, selecciona Grabar macro.

3. Ahora se le pedirá que asigne un nombre para la macro. Para el propósito de este ejemplo, vamos a seguir adelante y nombrar la macro como "AddTotal". No muy imaginativo,

pero si quieres, también podríamos ir con "TotalRecall". Es tu elección.

4. A continuación, seleccione Este libro de trabajo para la ubicación del guardado.

5. A continuación, haga clic en Aceptar para comenzar a grabar. A partir de este punto, Excel va a grabar todo lo que hace. Así que vamos a empezar en los pasos a continuación.

6. Seleccione la celda A9 e introduzca "Total" en el campo.

7. Una vez que haya ingresado Total en A9, seleccione la celda D9 y luego escriba esta fórmula: "COUNTA(D2: D8). Esto le da un total de los números de rama en el cuadro que ha seleccionado (que sería D9). La razón por la que usamos COUNTA es porque los números de rama se almacenan realmente como texto.

8. Ahora vuelve a la pestaña Desarrollador y selecciona la opción Detener grabación para detener el proceso de grabación.

Ahora la hoja final debe tener un aspecto similar al siguiente:

	Un	B	C	D	E	F	G	H
1		**Región**	**Objetivo**	**Rama**				
2		E.e.u.u	Nueva York	01234				
3		E.e.u.u	Nueva York	12341				
4		E.e.u.u	Nueva York	23544				
5		E.e.u.u	Nueva York	73568				
6		Asia	Shanghai	94678				

7		Asia	Shanghai	25208				
8		Asia	Shanghai	24621				
9	Total			7				

Aquí es donde sucede lo increíble. Si desea ver la macro, entonces todo lo que tiene que hacer es eliminar la fila total (que sería la fila 9). A continuación, sólo tiene que seguir los siguientes pasos:

1. Vaya a la pestaña Desarrollador y, a continuación, seleccione Macros

2. Ahora debe buscar la macro "AddTotal" (o la macro "TotalRecall", dependiendo de cómo la haya nombrado).

3. Cuando lo encuentre, haga clic en el botón Ejecutar.

Si todo va bien con Excel, ahora debería ser capaz de ver sus acciones reproducidas. Usted notará que su mesa ahora tendrá un total.

Ahora vamos a expandir el ejemplo anterior y agregar otra tabla justo al lado de él.

	Un	B	C	D	E	F	G	H
1		**Región**	**Objetivo**	**Rama**		**Región**	**Objetivo**	**Rama**
2		E.e.u.u	Nueva York	01234		Europa	Amsterdam	63845
3		E.e.u.u	Nueva York	12341		Europa	Amsterdam	71134
4		E.e.u.u	Nueva York	23544		Europa	Amsterdam	05730
5		E.e.u.u	Nueva York	73568		Europa	Amsterdam	48593

6		Asia	Shanghai	94678		Rusia	Moscú	16344
7		Asia	Shanghai	25208		Rusia	Moscú	64364
8		Asia	Shanghai	24621		Rusia	Moscú	55435
9	Total			7				

Tienes dos mesas.

En este punto, ahora importa lo que haga o lo duro que intente, no puede hacer que la macro funcione correctamente para la segunda tabla.

Si te estás preguntando por qué, entonces esta es la razón: lo grabaste como una macro absoluta.

¿Confundido? No lo hagas.

Veamos lo que esto significa examinando el código de la macro que acabamos de crear.

Para ello, ahora volvemos a la pestaña Desarrollador y luego seleccionamos Macros. Ahora se abrirá un cuadro de diálogo que muestra todas las macros que ha creado. En este punto, debería tener una sola macro y que sería la macro "AddTotal" o "TotalRecall".

Siga adelante y seleccione la macro que hoy ha creado. Haga clic en el botón Editar. Se abrirá una nueva ventana. Esta es la ventana del Editor de Visual Basic.

Es posible que vea un código que se parece a esto.

Sub AddTotal()

Rango("A9"). Seleccione

ActiveCell.FormulaR1C1 - "Total"

Rango("D9"). Seleccione

ActiveCell.FormulaR1C1 á "-COUNTA(R[-7]C:R[-1]C)"

End Sub

Observe atentamente las líneas dos y cuatro del código. ¿Qué te das cuenta? Más bien, ¿qué columnas ha mencionado en el código? Muestra A y D, ¿verdad?

Cuando le dio a Excel el comando de simplemente elegir el rango de celdas que terminan en A9 y D9, eso es exactamente lo que hizo Excel. Cuando selecciona A9, entonces obtiene A9 y ninguna otra celda. Es por eso que es difícil simplemente replicar el resultado en otra célula. Simplemente no puede suceder.

Ahora, ¿qué sucede si intentamos grabar la macro mediante la opción de referencia relativa? Vamos a averiguarlo.

Modo Dos: Grabación con Referencias Relativas

Cuando se utiliza la opción de Referencias relativas, Excel básicamente lo entiende como relativo a la celda activa en la que está trabajando.

Esta es la razón, usted necesita ser más cuidadoso con su elección de celda, tanto cuando está grabando la referencia relativa y cuando haya terminado de grabar para ejecutar la macro.

Lo primero que vamos a hacer es poner la mesa. Idealmente, vamos a usar la misma tabla que usamos para el ejemplo de referencia absoluta. Si aún no lo ha hecho, aquí está la tabla para su uso.

Un	B	C	D	E	F	G	H
1	**Región**	**Objetivo**	**Rama**		**Región**	**Objetivo**	**Rama**
2	E.e.u.u	Nueva York	01234		Europa	Amsterdam	63845
3	E.e.u.u	Nueva York	12341		Europa	Amsterdam	71134
4	E.e.u.u	Nueva York	23544		Europa	Amsterdam	05730
5	E.e.u.u	Nueva York	73568		Europa	Amsterdam	48593
6	Asia	Shanghai	94678		Rusia	Moscú	16344
7	Asia	Shanghai	25208		Rusia	Moscú	64364
8	Asia	Shanghai	24621		Rusia	Moscú	55435
9							

Una vez configurada la tabla, siga los pasos a continuación para trabajar en ella.

1. Diríjase sobre la pestaña Desarrollador y, a continuación, seleccione la opción Usar referencias relativas.

2. Antes de comenzar la grabación, asegúrese de haber seleccionado la celda A1.

3. Vuelva a la pestaña Desarrollador.

4. Ahora tenemos que nombrar a la macro. Para este ejemplo, podemos usar el nombre "AddRelative". Sin embargo, puede usar un nombre que desee.

5. A continuación, debe seleccionar esta opción de libro de trabajo como la ubicación de guardado.

6. Una vez que lo haya hecho, haga clic en Aceptar para comenzar su ubicación.

7. Al igual que con el ejemplo con Referencia absoluta, seleccione la celda A9 y escriba Total.

8. Ahora vamos a ir a la celda D9 y escribir el siguiente comando: "COUNTA(D2:D8)

9. Dirígete a la pestaña Desarrollador y, a continuación, selecciona la opción Detener grabación. Esto finalizará la grabación del modo Referencia absoluta.

Una vez que haya completado la grabación, vamos a examinar el código y averiguar lo que sucedió.

Para ello, volvemos a la pestaña Desarrollador y, a continuación, seleccionamos Macros. Usted notará una lista de macros aquí. Si usted ha estado siguiendo el tutorial estrictamente, entonces usted debe ser capaz de notar dos macros diferentes. Uno debe ser para la macro de referencia absoluta, mientras que el otro debe ser para la referencia relativa. Debe seleccionar la macro para la referencia relativa (que se denomina "AddRelative" en este caso).

Haga clic en el botón Editar para ver un bloque de código que debería tener este aspecto.

Sub AddRelative()

ActiveCell.Offset(9, 0). Rango ("A1"). Seleccione

ActiveCell.FormulaR1C1 - "Total"

ActiveCell.Offset(0, 3). Rango ("A1"). Seleccione

ActiveCell.FormulaR1C1 á "-COUNTA(R[-7]C:R[-1]C)"

End Sub

Cuando vea el código, los cambios serán bastante obvios. En este punto, no puede ver una celda específica que se menciona en el código en absoluto.

En su lugar, si mira la línea 2, observará que el código cuenta con una propiedad única que aparece en forma de un comando OFFSET. Cuando Excel lee este comando, básicamente no se corrige en una celda determinada.

¿Qué significa realmente el comando OFFSET y qué le dice a Excel que haga por usted?

Desplazamiento es básicamente la propiedad de Excel para desplazarse a un número específico de celdas desde la celda inicial, ya sea en una posición vertical (a lo largo de las columnas) o en una posición horizontal (a lo largo de las filas). Esto significa que el comando indica a Excel que mueva un número determinado de puntos.

Veamos el ejemplo anterior y usamos la explicación para averiguar lo que está sucediendo.

En el código de Referencia relativa, Excel mueve 9 celdas en la fila. Se moverá 0 columnas hacia los lados. Básicamente, Excel va a permanecer en la columna A1 y se moverá hacia abajo.

Es hora de ver la macro que se está reproduciendo.

Para ello, vamos a seguir pasos similares a los seguidos para la Referencia Absoluta.

1. Haga clic en la celda A1

2. Vaya a la pestaña Desarrollador y, a continuación, seleccione Macros.

3. Ahora debe buscar la macro "AddRelative" o cualquier nombre que haya dado a la macro Referencia relativa.

4. Haga clic en Ejecutar

5. Ahora, vaya a la celda F1

6. Vamos a repetir los pasos anteriores, así que vaya a la pestaña Desarrollador y seleccione Macros

7. Seleccione la macro "AddRelative" o el nombre que ha dado a esta macro.

8. Haga clic en el botón Ejecutar

Observará que la macro no solo se ejecuta en la primera tabla, sino también en la segunda tabla creada en la hoja de Excel. Esto se debe a que, a diferencia de Referencia absoluta, no está escribiendo un comando que especifique un número de celda determinado. Esto significa que la macro no se une a ciertas celdas. Solo está indicando que la macro funcione en relación con las celdas que tiene y con el comando que se le ha dado.

Piense en el concepto anterior de esta manera. Le has dado un mapa a una persona. Le has dicho a la persona que se dirija directamente y luego tome una izquierda usando unas calles y esas calles solamente. Esa es la referencia absoluta.

Ahora le está diciendo a la persona que se dirija directamente y luego tome una izquierda, pero le está dando a la persona instrucciones generales sin obligarla a seguir una calle en particular. Eso es referencia relativa.

Lo único que tienes que asegurarte es que cuando estás trabajando con Referencia Relativa, tienes que seleccionar la celda correcta antes de ejecutar el programa.

Además, debe asegurarse de que la sección de datos en la que desea centrarse tiene el mismo número de filas y columnas que la sección original.

En el ejemplo anterior, las columnas A a D eran las secciones originales. Tenían ocho filas de datos (una fila para títulos y las siete filas restantes para los datos). Las siguientes secciones en las que nos habíamos centrado eran las columnas E a H, que también tenían el mismo número de filas.

Así es como funciona la grabación de macros con Referencia absoluta y Referencia relativa.

Estos son algunos puntos que debe recordar al trabajar con macros de Excel.

1. A partir de Excel 2007, ahora tiene la opción de guardar hojas de trabajo que contienen macros con un nuevo nombre de archivo. Cuando usa Excel 2010, por ejemplo, normalmente guarda el archivo con la extensión .xlsx. Al guardar el archivo en esa extensión, no puede guardar las macros también. ¿Qué pasa con las macros? Excel elimina todas las macros de la hoja si la hoja se guarda con la extensión .xlsx. Es por eso que ahora está dando una opción para guardar la hoja como un libro habilitado para macros de Excel. Al hacer esto, la hoja obtiene una extensión diferente, la extensión .xlsm. La razón principal para hacer esto es para que .xlsx no contiene ninguna codificación y por lo tanto es seguro para abrir. Sin embargo, un archivo .xlsm puede contener codificación que podría dañar su equipo. La distinción en las extensiones de archivo se hace para que pueda decidir si confía en el origen del documento para abrirlo.

2. Otra característica que puede notar con Excel 2010 (y versiones futuras) es la actualización en la seguridad de Office. Uno de los componentes de la seguridad de Office es el concepto de documentos de confianza. Lo que esto significa es que está

seguro de que el documento para ejecutar macros en él. Al abrir una hoja que contiene macros en ella, es posible que observe un mensaje que aparece dentro de una cinta de opciones en la parte superior de la hoja que indica que las macros se han deshabilitado. La forma de habilitar las macros es pulsando el botón Habilitar. Una vez que lo haga, la hoja recordará la acción y la próxima vez que abra la hoja, no tendrá que hacer clic en el botón Habilitar de nuevo. Esencialmente, lo que ha hecho es dar el comando a la hoja en la que confía en el contenido y las macros dentro de ella. Cuando usted está trabajando con los clientes o con sus colegas, entonces esta característica se vuelve importante por dos razones:

a. Puede decidir si confía en el origen del contenido.

b. Solo tiene que habilitar las macros una vez. Esto significa que todas las personas que trabajan en la hoja no están molestas por el mensaje constante de que las macros están deshabilitadas que aparece cada vez que la hoja está abierta.

3. A veces, al crear macros, es posible que desee tener una manera fácil de ejecutarlas. Afortunadamente, Excel tiene una solución para eso. Lo que puede hacer es asignar un botón de macro para ayudarle a crear una interfaz de usuario denominada controles de formulario para trabajar con las macros. ¿Suena conveniente? A continuación, vamos a ver cómo se puede activar este botón. Hay numerosos tipos de controles de formulario. Puede elegir usar botones (que se utilizan comúnmente como controles) o puede elegir agregar barras de desplazamiento. Volvamos al ejemplo que habíamos utilizado antes e intentemos añadir un botón a la macro. Así es como se hace:

a. Diríjase a la pestaña Desarrollador y, a continuación, elija el botón Insertar.

b. En la lista desplegable que aparece, haga clic en el botón Control de formulario opción.

c. Haga clic en la ubicación donde desea colocar el botón. Al colocar el control de botón en la hoja, aparece un cuadro especial denominado cuadro de diálogo Asignar macros en la hoja. A continuación, puede asignar una macro a ese botón.

d. En este punto, tenemos dos macros – "AddTotal" y "AddRelative" – en la lista de macros. Elija cualquiera de ellos y asígnelos.

e. ¡Ya estás listo para usar los botones!

CAPÍTULO 12

Ejecución de una Macro Tras la Modificación de Algunas Celdas en Excel

Ya sabe que por ahora que MS Excel se puede utilizar para desarrollar macros, que solo son accesibles cuando se introduce un valor en una celda determinada de una hoja de cálculo o hoja, que está abierta en ese momento. Tenga en cuenta que llamar a macros sin razón solo ralentizará la velocidad de la hoja y reducirá su rendimiento.

En varios casos, la macro solo se ejecuta cuando hay un valor introducido en las celdas de hoja. Debe asegurarse de que ActiveCell es un elemento de este tipo. Para ello, deberá usar el método Intersect en el rango de celdas y ActiveCell para la verificación de la celda activa actualmente como parte del rango especificado. Si ActiveCell está presente dentro del rango y tiene las celdas clave presentes en él, se llamará a la macro. Para ello, la macro de VB se creará de la siguiente manera:

1. En primer lugar, hará clic con el botón derecho en la ventana Proyecto en la pestaña Sheet1, y después de eso haga clic en el ViewCode opción. Al hacerlo, verá la hoja Módulo abierta detrás de la pestaña Sheet1.

123

2. A continuación, tendrá que escribir el siguiente código en el VBE.

Private Sub Worksheet_Change(ByVal Target As Range)

Dim KeyCells As Range

'KeyCells es la variable que consta de celdas, que enviará una notificación al alterar un valor en ellas.

Establecer rango KeyCells("A1:C10")

*If Not Application.Intersect(KeyCells, Range(Target.Address))_*

Is Nothing Then

'Esto muestra un mensaje al cambiar una de las celdas específicas.

MsgBox "Cell" & Target.Adress & "has been altered."

End If

End Sub

3. Después de eso, tiene que hacer clic en la opción que dice cerrar y volver a MS Excel que puede encontrar en el menú de la pestaña Archivo.

Manejo y reventado de errores macro

Tendrá que agregar las líneas del programa en todas las macros para procesar e interceptar cualquier error cuando se producen en el código. Con frecuencia, puede presenciar errores que se producen en la macro cuando se está ejecutando. Esto puede deberse a varias razones, como los atípicos en el código y la ejecución de una macro en escenarios que no estaba programado para ejecutarse en primer lugar.

Si agrega una función de reventado de errores a la macro, conocerá la salida debido a un error. Usted tendrá el poder de regular el error que ocurre en el código. Por lo tanto, tiene la autoridad para tomar las medidas necesarias para manejarlo sin estar confundido acerca de lo que podría estar mal con su código.

Si no puede incluir una función de control de errores en el código, podría dar lugar a un comportamiento irrelevante por parte de Excel. Lo peor que puede suceder debido a este desorden es que los otros usuarios pueden no ser capaces de ver los últimos cambios en sus hojas de trabajo. Además, Excel también podría congelarse en tal caso y puede haber pérdida de datos debido a ello. Además, todos estos problemas pueden ocurrir incluso a la vez, lo que conduce a una situación más engorrosa.

Tenga en cuenta que desea que otros usuarios no dejen su propia reacción a varios mensajes de error que pueden ocurrir en su trabajo. Por ejemplo,

Un error de tiempo de ejecución '513' puede devolver que puede causar un mensaje de error que dice:

"Error definido por la aplicación o definido por un objeto"

Por lo tanto, va a necesitar la ayuda de funciones de control de errores para ejecutar los pasos necesarios de antemano, y sin la participación de ningún otro usuario.

Función básica de manejo de errores

Puede encontrar varias maneras de agregar un código para acciones de control de errores en la macro. Puede estudiar el siguiente código, que es uno de estos ejemplos.

Sub MacroName()

En error GoTo errHandler

Código macro

ProcDone:

Salir de Sub

errHandler:

MsgBox Err.Number & ":" & Err.Description

Reanudar procDone

End Sub

Con la línea de código on Error presente en el programa VBA anterior, está activando la función de reventado de errores. Este código ofrecerá un sistema de seguimiento para todos los errores que pueden producirse en una macro. El error se devolverá en el objeto VBA conocido como Err. Si se produce un error en el código, la instrucción: "On Error Goto errHandler", Excel indicará a la macro que deje de ejecutar la operación. A continuación, se moverá a la instrucción errHandler desde donde continuará con las operaciones necesarias.

Con la instrucción MSGBox, se mostrará un mensaje en la pantalla que proporciona información relacionada con el error ocurrido. Err.Number es el número de identificación proporcionado para el objeto de error en particular, que se toma de la biblioteca para errores VBA. Además, la instrucción Err.Description describe el error. Con procDone, la macro continuará ejecutando la etiqueta de instrucción procDone.

Códigos refinados para el manejo de errores

Supongamos que ha agregado el código para el control de errores en la macro descrita en la sección anterior. Al evaluar la macro, se produce un error. Por lo tanto, aparece un mensaje que le permite conocer la naturaleza y el número del error ocurrido. Tendrá que llevar una revisión con el controlador de errores en respuesta al error concreto al que se enfrenta. En el ejemplo proporcionado, el error que se produce es 1234.

```
Sub MacroName()


En error Goto errHandler

Código macro

procDone:

Salir de Sub

errHandler:

Seleccione Case Err.Number

Caso 1234

Código de manejo de errores para el error 1234

Caso Else

«Cada error pendiente

MsgBox Err.Number & ":" & Err.Description

Finalizar selección

Reanudar procDone

End Sub
```

Al probar la macro para comprobar si hay otros errores que puedan ser posibles en el código, es posible que desee ampliar la funcionalidad del comando Seleccionar caso junto con otros casos adecuados para este código. El siguiente código le ofrecerá un mensaje refinado para su macro:

```
Sub MacroName()

En error Goto errHandler

Dim msg$, title$, icon&

Código macro

procDone:

Salir de Sub

errHandler:

icono& á vbOKOnly +vbCritical

Seleccione Case Err.Number

Caso 53

title$ - "Archivo faltante"

msg$ á "Macro incapaz de encontrar el archivo necesario."

msg$ á msg$ vbNewline & vbNewLine

msg$ á msg$ & "Por favor, informe esto al desarrollador."

Caso Else

Title$ - "Error no previsto"

msg$ - Err.Number ":" & Err.Description
```

msg$ á msg$ & vbNewline vbNewLine

msg$ á msg$ & "Por favor, anote este mensaje"

Finalizar selección

MsgBox Err.Number & ":" & Err.Description

Reanudar procDone

End Sub

Depuración de macros

El botón Depurar y la notificación de mensaje de error

Mientras ejecuta una macro, ocasionalmente se ejecutará en un mensaje de error que dice: "Error en tiempo de ejecución", seguido de un mensaje de error. Puede encontrar tres tipos de botones disponibles en el cuadro para el mensaje de error. Estos son: Depurar, Ayuda y Finalizar.

Puede detener la macro cuando se enfrenta a un error con el botón Finalizar presente en el cuadro de error. Si desea acceder a más información sobre el error, puede pulsar el botón Ayuda. Al pulsar el botón Ayuda se le llevará a un sitio de MS que tiene una lista de posibles razones detrás del error que se ha producido. También tendrá las soluciones relevantes para cada uno de los errores especificados allí. Para resolver el problema, puede elegir el botón Depurar, que luego le lleva al editor de Visual Basic.

Conclusión

La gente tiene un concepto erróneo sobre las macros; piensan que para empezar, es posible que necesite el conocimiento de la codificación avanzada. Aquí está la realidad; mientras que la codificación es una parte integral de las macros, no significa que usted va a pasar horas interminables tratando de ir a través de los conceptos básicos de la codificación y luego tratar de dominar sus formas complejas.

Una de las cosas que hace que las macros sean convenientes para trabajar es el hecho de que usted, como cualquier otra persona, puede recoger los fundamentos y luego empezar en él.

Pero aparte de los consejos anteriores, permítanme compartir algunos consejos que podrían resultar útiles mientras trabaja en macros de Excel.

1. Mi recomendación sería comenzar siempre desde la posición de inicio. Esto facilita el trazado de los datos y la creación de macros para ellos. Le ayuda a crear tablas adicionales en comparación con la primera o en relación con ella. Para empezar desde la posición de inicio, todo lo que tienes que hacer es presionar CTRL + Inicio.

2. Si desea navegar, asegúrese de que está utilizando las teclas direccionales. Una vez que comience a trabajar en macros, va a tener una gran cantidad de datos para mirar a través de. El desplazamiento significaría que va a omitir los datos que

necesite. La navegación debe fijarse en las teclas Arriba, Abajo, Izquierda, Derecha y Fin.

3. Este es un consejo importante y es uno incluso los profesionales con años de experiencia tienden a comprometerse. Cree pequeñas macros que se adapten a funciones específicas. Entendamos este consejo con la ayuda de un ejemplo. Si desea ordenar los datos, cree una macro para ellos. Si decide tomar información de los datos, cree una macro independiente para ellos. No combine todas sus macros por dos razones vitales:

   a. Si combina varias tareas en una macro, la macro termina ejecutándose más lentamente. Cuanto más agregue a una macro, más lento se ejecuta. Inicialmente, esto podría no ser un problema, pero cuando comienzas a agregar más formaciones e información compleja, entonces realmente vas a sentir el ritmo lento del proceso.

   b. En segundo lugar, todos somos capaces de cometer errores. Esto significa que, a menudo, una macro podría terminar teniendo un error y no se ejecutará correctamente. En tales situaciones, usted debe ser capaz de averiguar qué tarea de una macro está causando el problema y solucionarlo. La tarea de identificar un problema se vuelve difícil si agrupa diferentes tareas en una macro. Es posible que termine mirando a través de todas y cada una de las líneas de código para averiguar dónde está el problema. Si tiene una macro pequeña, es posible que esto no sea un problema. Pero si terminas teniendo muchas líneas de código, entonces vas a pasar mucho tiempo tratando de averiguar el problema.

4. Cuando tenga información fija o datos fijos, asegúrese de introducirla de antemano antes de empezar a trabajar en datos

variables. Supongamos que tiene una columna llamada "Ciudad". Estás trabajando en una sola ciudad, que es "Nueva York". En ese caso, asegúrese de rellenar la columna con Nueva York antes de comenzar en cualquier macro. De esta manera, ahorraráele tiempo llenando todas y cada una de las celdas con la misma entrada y segundo, no tendrá que ejecutar macro cada vez que cree la misma entrada. Las macros son eficaces cuando se utilizan para tareas complejas y trabajan con diferentes conjuntos de datos. Se vuelve inútil cuando simplemente lo está utilizando para los mismos datos repetidamente.

5. Aproveche los métodos abreviados de teclado. Puede ser un poco engorroso trabajar con los accesos directos cuando se inicia, pero una vez que se obtiene el bloqueo de la misma, usted no tendrá ningún problema con los accesos directos en absoluto. Por ejemplo, si desea resaltar una columna específica, entonces todo lo que tiene que hacer es mantener presionada la tecla END y la tecla de pulsación SHIFT + DOWN. Toda la columna se resaltará por usted sin cambiar nada dentro de la macro.

6. Recuerde que si no introduce las pulsaciones de teclas según lo recomendado por Excel, la macro está enlazada a un error. Esta es la razón, usted tiene que asegurarse de que usted consigue sus pulsaciones de teclas correctas. Tómese el tiempo para aprender algunos de los accesos directos y combinaciones de teclas antes de trabajar en la macro.

7. Si desea conocer los accesos directos a los menús, entonces todo lo que tiene que hacer es pulsar la tecla ALT mientras está dentro de la hoja. Esto mostrará los accesos directos del menú. Una vez que haya tomado nota de los accesos directos,

presione la tecla ALT de nuevo y luego los resaltados de acceso directo desaparecerán.

8. Si desea separar nombres dentro de una hoja de una columna en dos, entonces hay una manera fácil de hacerlo. Lo primero que tienes que hacer es CTRL + HOME y luego presione CTRL + A. Una vez hecho esto, diríjase a Datos y seleccione Texto a columnas. En el primer cuadro de diálogo que aparece, haga clic en Delimitado y, a continuación, haga clic en Siguiente. En la siguiente ventana que se abre, tienes que elegir el carácter que delimita el texto. Sabemos que el carácter común entre el nombre y el apellido es Espacio. Así que marque en la opción que dice Espacio y luego haga clic en Siguiente. Por último, en el último cuadro, elija la opción Texto y pulse Finalizar. Una vez que realice las acciones anteriores, sus nombres se dividirán en dos columnas.

Con eso, espero que esté listo para comenzar su viaje de macros. Disfrute del proceso y espere que las macros traigan un mundo de comodidad a su funcionamiento en Excel.

Referencias

Agregue sus macros de Excel personales a la cinta de opciones. (2019). Obtenido de https://www.get-digital-help.com/2013/12/03/add-your-personal-excel-macros-to-the-ribbon/

Chandran, M. (2019). ¿Cómo ejecutar la macro basada en el valor de celda en Excel?. Obtenido de https://www.extendoffice.com/documents/excel/4420-excel-run-macro-based-on-cell-value.html

Cómo crear una barra de herramientas de Excel personalizada de macros VBA. (2019). Obtenido de https://www.makeuseof.com/tag/custom-excel-toolbar-vba-macros/

Cómo llamar o ejecutar otra macro desde una macro - Campus de Excel. (2019). Obtenido de https://www.excelcampus.com/library/vba-call-statement-run-macro-from-macro/

Cómo optimizar el rendimiento de VBA. (2019). Obtenido de https://www.spreadsheet1.com/how-to-optimize-vba-performance.html

Crear un botón para una macro - HowTo-Outlook. (2019). Obtenido de https://www.howto-outlook.com/howto/macrobutton.htm

Optimice el código VBA lento. Acelere el código/macros eficiente de VBA. (2019). Obtenido de https://www.ozgrid.com/VBA/SpeedingUpVBACode.htm

Pastor, R. (2004). Programación de macros VBA de Excel. Nueva York: McGraw-Hill/Osborne.

Troy, A., & Gonzalez, J. (2006). Macros de VBA de Office que puede usar hoy en día. Uniontown: Holy Macro! Libros.

Walkenbach ... (2013). Programación de energía de Excel 2003 con VBA. Hoboken: Wiley.

Walkenbach, J. (2004). Programación de VBA de Excel para tontos. John Wiley & Sons.

www.ingramcontent.com/pod-product-compliance
Lightning Source LLC
Chambersburg PA
CBHW071140050326
40690CB00008B/1522